예민한 아이,
현명한 엄마

예민한 아이,
현명한 엄마

초판 1쇄 발행 | 2024년 11월 18일

지은이 | 강진경
감 수 | 이영민
펴낸이 | 박영욱
펴낸곳 | 깊은나무

주 소 | 서울시 마포구 월드컵로 14길 62
이메일 | bookocean@naver.com
네이버포스트 | post.naver.com/bookocean
페이스북 | facebook.com/bookocean.book
인스타그램 | instagram.com/bookocean777
유튜브 | 쏠쏠TV・쏠쏠라이프TV
전 화 | 편집문의: 02-325-9172   영업문의: 02-322-6709
팩 스 | 02-3143-3964

출판신고번호 | 제 2013-000006호

ISBN 979-11-91979-62-6 (03590)

*이 책은 깊은나무가 저작권자와의 계약에 따라 발행한 것이므로 내용의 일부 또는 전부를 이용하려면 반드시 깊은나무의 서면 동의를 받아야 합니다.
*책값은 뒤표지에 있습니다.
*잘못 만들어진 책은 구입하신 서점에서 교환해 드립니다.

예민한 아이, 행복하게 키우는 비결

예민한 아이, 현명한 엄마

강진경 지음
이영민 감수

북오션

감수의 글

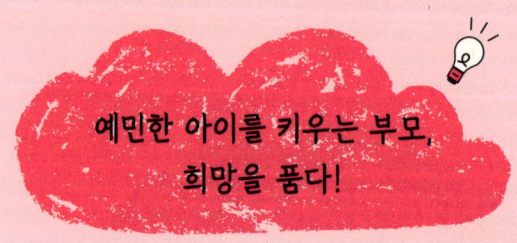

예민한 아이를 키우는 부모,
희망을 품다!

서울아동청소년상담센터 소장
이영민

    부모가 되기 이전에 부모 됨의 힘듦을 결코 상상해볼 수 없듯이, 힘든 아이를 키우는 부모의 고통 또한 그런 자녀를 키워보지 못한 부모로서는 감히 안다고 쉽게 말할 수 없습니다. 그 사실을 저는 오랜 상담 경험을 통해 배워왔습니다. 저자의 이야기 속에서 일반적이라 여기는 양육, 교육 방법이 전혀 먹히지 않는 자녀를 키우는 저자의 치열한 육아 현장을 보며 제 마음이 먹먹해지곤 하였습니다. 저자는 고독한 양육의 길에서 넘어질지언정 고꾸라지지 않는 단단한 모습으로 오롯이 서서, 예민한 자녀를 감내하는 방법을 스스로 찾아가는 '건강한 엄마'의 모습을 자세히 글로 설명해주고 있습니다.

무엇보다 저자의 글을 읽으면서 '자녀'를 이해하고 도와주려는 마음과 그 실행에 깊이 탄복하였습니다. 처음 부모가 되면 자녀를 키우면서 발달 과정에서 보이는 자연스런 문제들로 당혹감과 혼란스러움을 느끼고 우왕좌왕하게 됩니다. 여기에 자녀가 남과 다른 문제들을 보이면 그 문제의 정도와 깊이로 고민하게 되고, 혹시 아이가 정상에서 벗어난 것은 아닌지 걱정하며 불안해집니다. 어떤 부모는 이런 불안을 적극적인 문제 해결의 방향으로 풀어가지만, 어떤 부모는 불안을 못 본 척하며 감추고 나이가 들면 괜찮아질 거라는 낙관적 기대로 회피하기도 합니다. 후자의 경우 이런 억압된 불안이 쌓여 잦은 짜증이나 혹은 걷잡을 수 없는 분노로 표출되기도 하고, 이런 표출 이후 내가 부모로서 이렇게밖에 못 하나 싶어 미안함의 죄책감이 올라와 괴로워하는 악순환이 반복되는 경우도 많습니다. 다행히 저자는 전자의 모습으로 딸 소은이의 문제를 해결하려고 일찍 여러 전문가를 찾기도 하고, 스스로 여러 정보를 알아보며 '예민한 기질'이라는 개념을 만나고 자녀를 이해하게 되었습니다.

저자처럼 예민한 기질의 아이를 키우는 부모는 결코 쉽지 않은 양육을 하게 됩니다. 아이의 예민한 기질은 부모에게 양육자로서의 역할을 제대로 하지 못한다는 좌절감을 갖게 하기 때문입니다. 부모는 양육에서 자신의 노력과 수고가 소용없음을 보면서 부족한 자신을 탓하게 되고, 부모 효능감을 잃게 되기 쉽습니다. 부모가 잘못한 것이 아닌데 부모 잘못이라 느끼게 되며, 자신이 이것밖에 되지 않는가 싶은 무력감을 주는 여러 문제 상황에 화가 나게 됩니다. 또한 예민한 기질의 자녀에 대한 원망과 미운 감정도 생기고, 그것이 부모-자녀 관계에 좋지 않은 영향을 주기도 합니다.

하지만 이런 상황은 부모가 아니라 자녀가 가진 예민함 때문에 일어나기 쉽다는 점을 말씀 드리고 싶습니다. 따라서 부모 자신을 탓할 필요도, 그렇다고 예민한 기질의 자녀를 탓할 필요도 없습니다. 예민함이 부모 역할에 대한 자신감을 방해할 수 있으나 '자녀의 다름을 이해하고 자녀의 기질에 맞춰 키워가는 것'이 부모 역할에서 가장 중요한 것임을 이해한다면, 부모 자신감은 곧 회복될 수 있습니다. 저자의 실감 나는 경험담 속에서, 좌충우돌하며 예민한 아이를 키우는 과정에서도 건강한 부모-자녀 관계를 만들어가며 부모 자신감을 잘 형성해가는 좋은 롤 모델을 만나게 되실 겁니다.

저자는 예민함의 이론적 배경을 연구하며 개념들을 아주 쉽게 풀어서 설명하였고, 무엇보다 외국 사례가 아닌 국내 사례이자 자신의 실제 경험을 녹여서 쉬운 글체로 이야기하듯 풀어냈습니다. 저자가 제시한 예민함의 구체적 영역들과 이를 다루는 방법, 양육 경험 속 시행착오를 통해 깨달은 점들은 자녀의 예민함과 고군분투하는 부모들에게 귀한 현실적 팁이 될 것입니다. 무엇보다 나만 외딴섬에서 홀로 아이를 키우듯 주변에 이해받지 못하고 공감 받지 못해 서럽고 답답함을 느끼는 부모들이라면, 저자의 이야기를 통해 조금 앞서간 선배의 위로와 지혜 속에 외로움을 덜어낼 수 있을 것입니다.

예민한 아이의 부모가 된다는 것은 아이의 예민함이 특별하듯 부모 됨도 특별해져야 함을 의미합니다. 일반 양육서를 보고 도움을 받기는 커녕 '우리 아이만 이상한가?'라는 생각에 더 좌절을 느꼈다는 저자의 고백은 결국 부모도 '내 자녀만을 위한 양육법'을 가져야 함을 시사합니다. 자녀의 예민함을 바라보는 시각과 이를 대하는 부모 자신에 대한 인식의 변화가 필요하고, 이를 바탕으로 자녀를 위한 구체적 육아 방법을 남과의 비교를 통해서가 아닌 자녀에게 맞는 방법으로 하나씩 구축해가야 합니다. 저자는 꾸준히 다른 아이와의 비교를 경계하며 소은이의 발달 자체에 집중하면서 너무 앞서지 않고 한 단계씩 기초를 잘 다져갔습니다. 소은이처럼 영아기나 유아 초기 시기의 자녀의 기질을 부모가 잘 수용하면 유아 후기부터 친구들과의 관계를 잘 형성하고, 유치원 등의 기관에서 모범적인 학생이 되기도 합니다. 저는 실제 임상에서 까다로워 우려가 많았던 아이가 소은이와 같이 유치원이나 학교에서 오히려 잘 적응하여 부모도 놀라는 사례들을 자주 목격하곤 합니다.

　예민한 아이들의 까탈스러움은 가장 편한 부모에게 가장 많이 노출됩니다. 그것을 부모가 잘 인정하며 견디어주면 아이들이 사회로 나가면서부터 점점 주변인의 기대와 사회에 대한 눈치를 살피면서 빠르게 적응해가려는 모습이 나타납니다. 그래서 친구들과 선생님들이 자신을 존중하고 인정하는 방향으로 성장하려 합니다. 지금 소은이는 그렇게 건강하고 호기심 많은 학생으로 유치원 생활을 즐겁게 하고 있습니다. 저자처럼 부모는 발달적으로 감각 통합이 마무리되는 유아기까지의 어려운 시간을 잘 도와서 자녀가 발달 과업을 잘 마무리하며 다음 단계로 잘 성장해가도록 해줘야 합니다. 저자의 글을 통해 예민한 기질을 가진 영유아기 자녀로 힘겨운 부모들이 '이 또한 지나가리라'라는 진리를 믿고 자녀가 자라가는 시간을 잘 견뎌가시길 응원합니다. 소은이의 사례처럼 영원할 것 같던 잠, 음식, 감각의 예민함, 새로운 상황이나 물건에 대한 네오포비아(Neophobia) 양상 등으로 힘겨워하는 아이들도 점차 적응해갈 것입니다.

그럼에도 불구하고 예민함은 좀처럼 사라지지 않은 채 자녀에게도, 부모에게도 쉽지 않은 길을 가게 할 수 있습니다. 게다가 아이들은 여전히 미숙하고 미완성이기에 또 다른 문제들이 생길 수도 있습니다. 예민함은 아이와 부모를 힘들게 하지만, 그러면서도 분명 참 귀한 능력이며 강점이기도 합니다. 저자가 소은이의 양육에서 보여주듯 예민한 아이들은 부모의 도움으로 그 특별한 모습을 긍정적으로 바라보면서, 속도는 느리지만 힘든 일상의 영역들에 적응하고 잘 완성해갈 수 있습니다. 그렇게 아이들은 부모의 친절하고 구체적인 가이드를 통해 스스로 자신의 예민함을 수용하며 자신만의 적응 방법을 배워갑니다.

이처럼 예민한 기질의 자녀가 자신의 예민함을 부끄러워하지 않고, 당당한 자신의 색깔로 세상의 빛이 되는 날을 맞이하게 되길 기대합니다. 예민한 자녀로 지친 부모들이 무너질 듯 힘겨운 순간마다 이 책을 통해 작은 희망을 품고 다시 일어나는 용기를 얻길 응원합니다.

차례

감수의 글 _ 예민한 아이를 키우는 부모, 희망을 품다! 4

프롤로그 _ 현재 육아 중인 엄마의 눈으로 그려낸 예민한 아이를 섬세하게 키우는 법 14

1장 우리 아이는 진짜 예민한 아이일까?

- 예민한 아이 육아의 첫걸음 22
- 전문가들이 꼽은 예민한 아이의 특징 26
- 예민함의 여러 가지 유형 35
- 자극추구와 위험회피, 사회적 민감성 45
- 난초 아이 vs 민들레 아이 56
- 감각이 섬세하게 발달한 예민한 아이 63

2장 예민한 우리 아이 어떻게 키워야 할까?

예민한 아이, 잘 자는 법!

야경증? 야제증? 수면 교육이 통하지 않는 예민한 아이 70
연령별로 다른 수면 문제 해결법 75
0~24개월: 수면 교육보다 중요한 수면 환경 만들기 76
24~36개월: 분리불안, 심리적인 요인이 큰 시기 87
36개월~초등학교 입학 전: 에너지를 다 써야 자는 시기 94

예민한 아이, 잘 먹고, 잘 싸는 법!

모유 vs 분유, 예민한 아이에게 맞는 수유법은? 104
예민한 아이를 위한 모유 수유와 단유 방법 111
하늘의 별 따기만큼 어려운 밤중 수유 끊기 114
잘 안 먹는 예민한 아이, 이유가 있다! 120
예민한 아이, 기저귀 떼기 프로젝트 125

예민한 아이, 일상생활을 잘하는 법!

일관적이고 명확한 태도로 일상의 안정감 주기 136
외출이 힘들어요! - 청각이 예민한 경우 140
머리 감기, 세수하기, 목욕하기가 힘들어요 - 촉각이 예민한 경우 148
낯선 장소, 낯선 사람이 두려워요! - 시각이 예민한 경우 156
차만 타면 울어요! - 전정감각이 예민한 경우 161
국민 육아템이 안 통하는 아이(feat. 공갈젖꼭지) 167

📍 **예민한 아이, 마음을 잘 다루는 법!**

아이의 예민함을 긍정적으로 바라보기 172

애착을 통해 정서적인 안정감 주기 176

예민한 아이의 분리 불안 해소하기 181

막무가내로 우는 아이를 진정시키는 방법 188

예민한 아이의 훈육은 달라야 한다 196

📍 **예민한 아이, 잘 노는 법!**

놀이는 발달의 초석 200

경계선을 설정하고 유지하기 205

놀이할 때 다른 아이를 세게 밀친다면? - 내부 감각 문제 점검하기 208

다양한 신체 활동으로 에너지 발산하기 212

3장 예민한 아이에게 잠재된 특별한 재능 살리기

📍 특별한 인지 능력과 창의력 216

📍 세심한 관찰력과 남다른 감수성 220

📍 숨겨진 공감 능력과 대인관계 능력 223

📍 뛰어난 표현 능력과 예술적 재능 226

📍 과흥분성과 영재성 229

📍 주의 깊은 리더십을 가진 예민한 아이 231

4장 예민한 우리 아이, 세상 밖에서 우뚝 서기

- 예민한 아이에게 좋은 어린이집, 유치원은 어디일까 **236**
- 어린이집, 유치원에서 문제가 생겼을 때 대처하는 방법 **245**
- 아이에게 맞는 상담 센터 고르는 법 **253**
- 예민한 아이, 학교에서 잘 적응하는 방법 **262**
- 대기만성형으로 자랄 예민한 아이 **271**

에필로그 _ 언젠가 세상 밖에서 우뚝 서게 될 반짝이는 아이들 **274**

프롤로그

현재 육아 중인 엄마의 눈으로 그려낸
예민한 아이를 섬세하게 키우는 법

모든 아이의 생김새가 다르듯 성향과 기질은 아이마다 다르며, 어떠한 기질을 갖고 태어나느냐에 따라 육아는 천차만별이다. 내 아이가 평범한 기질의 아이라면, 초보 엄마도 그럭저럭 아이를 키우겠지만, 예민한 기질의 아이라면 아이가 태어나고 몇 년이 지나도 남들처럼 육아가 쉬워지지 않는다. 문제는 부모들이 내 아이가 예민한 기질인지조차 알지 못한다는 데 있다. 유난히 안 자고, 안 먹고, 울음을 그치지 않는 아이를 키우면서도, 그게 아이의 기질이라 생각하지 못하고 부모의 양육 방식에 문제가 있다고 생각한다. 내가 육아에 소질이 없어서, 내 양육 방식에 문제가 있어서 그런 것이라 자책한다. 그러면서 부모로서의 자존감이 낮아지고, 나만 왜 이렇게 육아가 힘들까, 내가 뭘 잘못하고 있는 걸까 자신을 원망하고 자신감도 떨어지게 된다.

나 역시 그랬다. 내가 아이를 키울 때 그 누구도 우리 아이가 예민한 아이라고 알려주지 않았다. 예민한 기질의 아이들이 따로 있고, 예민한 아이의 육아법이 따로 있다는 사실을 좀 더 일찍 알았더라면 육아가 그렇게 힘들지는 않았을 것이다. 최근에는 기질에 관한 관심이 높아지면서 기질 육아에 대한 정보가 많지만 내가 아이를 낳아 키우던 때만 해도 아이를 울려서 재우는 수면 교육이 유행해서 너도나도 수면 교육에 열을 올리던 시절이었다. 나 또한 기질에 대한 고려 없이 일반적인 육아서대로 아이를 키우려 했고, 결과는 형편없었다. '왜 우리 아이는 누워서 자지 못할까? 남들은 다 된다는 수면 교육이 왜 우리 아이에게는 통하지 않을까?' 매일 좌절하고, 실망하기 일쑤였다.

아이가 세 살 때 어린이집에 처음 가면서, 예상치 못한 사건이 발생했고, 그 사건이 우리 가족의 운명을 송두리째 바꾸었다. 그때 처음으로 예민한 아이에 대한 육아 서적을 사서 읽고, 예민한 기질이 따로 있다는 것을 알게 되었지만, 기질을 알아챘다고 해서, 육아가 쉬워지는 것은 아니었다. 나는 예민한 아이가 나쁜 환경을 만났을 때 어떤 스트레스를 겪고 정서적 반응을 보이는지 똑똑히 보았다. 트라우마를 극복하는 데는 반년이 넘게 걸렸다. 몇 년이 지나고, 나중에서야 그때 아이에게 나타난 일들이 '청각 방어, 촉각 방어'라는 감각 통합의 문제라는 걸 알았다. 반년 동안 아이는 오토바이 소리에 자지러지고, 엘리베이터가 무서워 외출도 제대로 할 수 없었다. 세수하고, 머리를 감을 때마다 소리를 질렀으며, 밤마다 무섭다고 악을 쓰고 울었고, 그런 아이를 보며 우리 부부는 몸도 마음도 점점 지쳐갔다. 결국 이렇게는 못 살겠다는 생각이 들 만큼 삶이 힘들었을 때 내가 유방암을 진단받았다.

아이러니하게도, 암을 진단받고 우리 가족의 삶이 나아졌다. 치료를 위해 다니던 직장을 휴직하면서, 아이와 함께하는 시간이 더 많아졌고, 남편도 나와 아이를 돌보는 일에 집중하면서 아이는 점차 좋아졌다. 그리고 나는 글을 쓰며 내 몸과 마음을 치유하기 시작했고, 내가 겪은 일들을 책으로 엮어 작가로 새로운 삶을 살게 되었다. 첫 책 〈유방암, 잘 알지도 못하면서〉가 유방암 환우들을 위해 쓴 책이라면, 나의 여섯 번째 책이 된 〈예민한 아이, 현명한 엄마〉는 예민한 아이를 키우고 있는, 나와 같은 엄마들을 위해 쓴 책이다. 이 책이 기존의 육아서와 다른 것은 예민한 아이를 키우고 있는 엄마가 전문가의 이야기와 자신의 이야기를 접목해 알기 쉽게 썼다는 점이다. 많지는 않지만 시중에는 예민한 아이의 육아법을 다룬 책들이 존재한다. 그런 책들을 보면 '아, 예민한 기질이란 이런 거구나!', '이것이 바로 예민한 아이의 특성이구나'를 파악하는 데는 매우 도움이 되었다. 그런데 책을 덮고 나서 '그래서 결국 우리 아이는 어떻게 키워야 하지?', '구체적인 문제 상황에서 나는 어떤 말과 어떤 행동을 해야 하지?'라는 의문이 들었다.

결국 그 물음을 해결하기 위해서는 실제 육아중인 엄마의 관점이 필요하다는 사실을 깨달았다. 나는 육아 전문가도 아니고 발달심리학자도 아니지만, 실전에서 예민한 아이를 키우고 있는 엄마이다. 이런 나의 이야기가 가장 현실적이면서 실제적인 이야기 아닐까? 지금도 어딘가에서 예민한 아이를 키우며 힘들어하고 있을 부모들에게 나의 경험이 부디 한 줄기 빛이 되었으면 하는 마음이다.

이 책은 크게 4장으로 구성되어 있다. 1장에서는 예민한 아이를 다룬 기존의 연구를 살펴보고, 최대한 알기 쉽게 풀어 정리하였다. 육아에 지친 엄마가 전문가들이 쓴 육아 서적을 다 살펴보기에는 시간도, 에너지도 충분하지 않다. 우리가 중요한 시험을 앞두고 있을 때 가장 직전에 들춰보는 것은 교과서가 아니라 선배들의 기출 문제 노트와 오답 노트이다. 전문가들이 전하는 기존의 육아 서적이 교과서라면, 이 책은 엄마들에게 필요한 핵심만을 뽑아 전달하는 족집게 과외 노트가 되고자 했다. 전문가의 목소리를 그대로 가져오기보다, 최대한 엄마의 관점에서 알기 쉽게 전달하여 예민한 아이에 대해 처음 접하는 엄마들도 쉽게 읽을 수 있도록 노력하였다.

2장에서는 예민한 아이를 키우며 당면하는 문제들을 상황별로 묶어 실전에서 어떻게 아이를 키워야 할지 구체적으로 제시하였다. 아무리 이론을 잘 알더라도 실전에서 쓸 수 없으면 무용지물 아닌가. 잘 자는 법, 잘 먹고 싸는 법, 일상생활을 잘하는 법, 마음을 잘 다루는 법 이렇게 크게 네 가지로 영역을 제시하고, 육아 현장에서 바로 적용할 수 있도록 하였다.

3장에서는 예민한 아이에게 잠재된 특별한 재능에 대해 다루었고, 마지막 4장에서는 예민한 아이를 세상 밖으로 내보낼 때 알아두면 좋은 팁을 실었다. 결국 아이들의 특별한 잠재력을 키워줄 수 있는 것은 부모의 관심과 사랑이며, 예민한 아이일수록 부모의 세심한 보살핌이 필요한 것이 사실이다. 그리고 아이가 예민할수록 부모는 현명해져야 한다. 아무 곳에서나 잘 자라는 민들레와 같은 아이들이 있는가 하면, 난초처럼 세심하게 보살펴야 잘 자라는 아이들이 있다. 예민한 아이들은 바로 난초와도 같기에, 부모는 더 현명하고 지혜로워져야 한다.

흔히 육아 전문가들의 육아 강의나 책을 읽다 보면, 아이가 아니라 부모에게 문제가 있다는 견해가 주를 이룬다. 그리고 문제 해결을 위해 부모의 양육 태도 변화를 촉구하다 보니, 그런 부분이 심적으로 힘들다고 하는 부모도 있다. 최선을 다해 아이를 키우고 있는데 부모가 잘못해서 아이가 그렇다는 말이 질책으로 여겨지는 것이다. 나 역시 육아서를 읽을 때 종종 그런 마음이 들 때가 있다. 그런 불편한 마음이 들면 아무리 좋은 이야기도 편안하게 받아들이기 어렵다. 그래서 이 책에서는 부모를 질책하지 않고, 최대한 부모의 편에서 마음을 어루만져주고자 했다. 부디 육아가 미치도록 힘든 부모들에게 나의 이야기가 위로와 공감이 되었으면 한다.

내 글이 보통의 아이를 키우는 엄마들에게는 그다지 도움이 되지 않을지 모른다. 아이를 키우는 것이 유독 힘든 분, 육아가 지치고 힘든데 이유를 알 수 없는 분들이 읽어주길 바란다. 물론 나의 경험도 그저 한 사람의 경험이므로 정답은 아닐 수 있다. 하지만 육아에는 정답이 없다. 자신의 아이에게 맞는 육아법이 따로 있을 뿐. 그리고 그 육아법을 찾기 위해 지금도 고군분투하는 엄마들에게 나의 글이 조금이나마 위로와 도움이 되었으면 한다.

마지막으로 이 책이 세상에 나올 수 있도록 힘써주신 깊은나무 출판사와 사랑하는 나의 가족들, 곁에서 늘 응원해주시고 격려해주시는 소중한 분들께 감사의 마음을 전하고 싶다.

우리 아이는
진짜 예민한 아이일까?

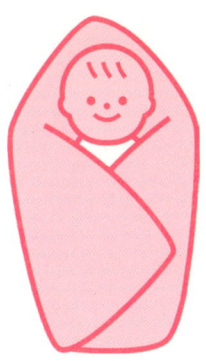

예민한 아이
육아의 첫걸음

　예민한 아이를 키울 때 가장 기본이 되는 것은 무엇일까? 맘카페에 자주 등장하는 사연 중에 예민한 아이에 대한 얘기를 해보려 한다. 한 엄마가 어린이집 교사로부터 자녀가 예민하다는 얘기를 들었다. 엄마는 있었던 일을 설명하고 '정말 우리 아이가 예민한 건가요?' 하고 다른 엄마들에게 묻는다. 그런데 그 질문과 답변 속에는 예민함이 부정적인 것으로 전제되어 있다. 그 글에서 우리 아이는 결코 예민하지 않고, 교사의 판단이 잘못된 것임을 확인받고 싶어

하는 것처럼 느껴지는 것은 왜일까? 이처럼 일상에서 우리는 '예민하다'를 부정적인 정서를 주는 단어로 사용하지만 사실 '예민하다'라는 말이 그렇게 나쁜 뜻을 가지고 있는 것은 아니다.

사전에 나오는 '예민하다'의 정의는 다음과 같다.

> **예민하다 [형용사]**
> 1. 무엇인가를 느끼는 능력이나 분석하고 판단하는 능력이 빠르고 뛰어나다.
> 2. 자극에 대한 반응이나 감각이 지나치게 날카롭다.
> 3. 어떤 문제의 성격이 여러 사람의 관심을 불러일으킬 만큼 중대하고 그 처리에 많은 갈등이 있는 상태에 있다.

우리가 흔히 '아이가 예민하다'라고 말할 때는 1번과 2번의 의미를 염두에 두고 말하는 것이다. 사전의 뜻풀이 그대로 예민하다는 것은 바깥에서부터 오는 자극을 받아들이는 수신 능력이 남들보다 뛰어남을 의미한다. 그런데 왜 예민한 사람에게 부정적인 편견이 존재하는 것일까? 예민함으로 인해 부정적인 결과가 나타난 경험이 많은 데다, 육아에 대입하면 예민한 아이는 키우기 힘들고 까다롭기 때문이다.

예민한 아이를 양육하기 어려운 것은 사실이다. 그러나 그렇다고 해서 결코 예민성 자체가 나쁘거나 고쳐야 하는 것은 아니다. 아동의 발달을 연구하는 많은 학자가 예민함은 빛나는 재능이고, 아이가 가진 특별한 잠재력이라 말한다. 그런데 문제는 이러한 아이의 예민성을 재능으로 발현시키기 위해서는 무엇보다 양질의 양육 환경이 중요한데, 예민한 아이의 육아는 기본적으로 너무 힘들기 때문에 양육자가 온전하게 아이를 키우기 어렵다는 데 있다. 아무리 훌륭한 부모라도 아이가 종일 울고, 아무리 노력해도 달라지지 않는다면 이성을 유지하기 어렵다. 매일 신경질적으로 보채는 아이를 키우며 몸과 마음의 에너지가 모두 바닥나고, 극한 상황이 365일 지속되면서 이제껏 겪어보지 못한 감정의 소용돌이를 겪는다. 결국 자기 자신도 돌보지 못하는 상황에 처하게 되며 몸은 병들고 마음은 피폐해진다. 그러니 아이를 어떻게 행복하게 키울 수 있겠는가.

 예민한 아이를 키우는 엄마는 순한 아이를 키우는 엄마와 삶의 질 자체가 다르다. 아이가 커갈수록 격차는 점점 벌어지고, 엄마의 정신 상태는 정상을 유지하기 힘들다. 이것은 결코 과장이 아니다. 내가 직접 겪은 이야기이다. 나는 사실 자존감이 굉장히 높은 사람이다. 교사이기에 누구보다 아이를 잘 키울 수 있을 거라는 자신감도 있었다. 하지만 예민한 아이 앞에서 나의 자신감은 무너졌다.

 예민한 아이를 위한 육아법을 강조할 수밖에 없는 이유가 여기에 있다. 예민한 아이 육아법은 '엄마표 영어', '엄마표 미술'처럼 안

해도 되지만 해주면 더 좋은 선택의 문제가 아니다. 생존을 위해, 부모의 더 나은 삶의 질을 위해 부모가 반드시 알아야 하는 것들이다. 그리고 예민한 자녀를 행복하게 키우기 위해서 부모가 갖추어야 할 최소한의 요건이다.

예민한 아이의 육아를 위한 첫걸음은 부모의 마음가짐에서 시작한다. 부모는 자신의 자녀가 예민한 아이인지 아닌지 알아야 하며, 아이가 혹시 예민한 기질이라면 그것을 인정하고 수용해야 한다. 그리고 예민함 자체를 부정적으로 보지 말되, 예민한 아이를 어떻게 키워야 하는지는 분명히 공부해야 한다. 그래야만 가족 모두가 행복할 수 있고, 결국 아이의 예민성을 재능으로 꽃 피울 수 있을 것이다.

전문가들이 꼽은
예민한 아이의 특징

'하이니즈 베이비'란 말을 들어본 적 있는가? 하이니즈(High-needs)란 욕구가 크다는 뜻으로 예민한 아이를 긍정적으로 재해석한 용어이다. 미국의 저명한 소아과 의사인 윌리엄 시어스(William Sears) 박사는 '하이니즈 베이비'라는 용어를 만들고 소개했으며 '애착 육아'라는 용어를 처음 만들어 알린 사람이기도 하다. 그는 까다로운 아이들은 못된 아기라서 그런 것이 아니라 다른 아기들보다 필요나 욕구 수준이 높은 것이라 보았으며, 이 아이들은 선천적으로 예민하고 끈질긴 고집이 있다고 보았다. 그리고 이런 예민함과 끈질김은 어떻게 길러주는가에 따라 특별한 잠재력으로 발현되어 글로벌 사회의 리더에게 꼭 필요한 소양으로 발전할 수 있을 것이라 보았다. 이러한 아이들이 보이는 까다로운 행동은 단지 자신의 욕구를 알리기 위한 몸부림일 뿐이며 부모는 아이를 통제하려 하지 말고, 보다 많은 배려와 이해를 통해 애착 육아를 실천해야 한다고 주장했다.

하버드 의대 출신의 소아과 의사였던 그는 간호사 아내와 함께 40권 이상의 책을 썼는데 그의 저서 《까다로운 내 아이 육아백과》에서 하이니즈 베이비의 특징을 다음과 같이 제시하였다. 먼저 다음 표를 보며 내 아이가 '하이니즈 베이비'에 해당하는지 확인해보자.

			시어스 박사가 제시한 '까다로운 아이의 아주 특별한 비밀 13가지'
1	O	X	자신의 감정을 온몸으로 격렬하게 표현한다.
2	O	X	지나치게 긴장하고 과도하게 행동한다.
3	O	X	부모의 모든 에너지를 빨아들인다.
4	O	X	돌아서기가 무섭게 먹고 또 먹는다.
5	O	X	바라는 걸 들어줄 때까지 끈질기게 요구한다.
6	O	X	도저히 이해가 안 될 만큼 잠이 별로 없다.
7	O	X	쉽게 만족하는 법이 거의 없다.

8	O	X	좋았다 싫었다 하루에 열두 번씩 감정이 바뀐다.
9	O	X	계란 위를 걷듯 지나치게 예민하게 군다.
10	O	X	단순한 보살핌만으로는 만족하지 않는다.
11	O	X	때론 안아주는 걸 거부한다.
12	O	X	부모의 품속에서만 잠들고 싶어한다.
13	O	X	엄마와 완벽한 '하나'가 되고 싶어한다.

이 책의 저자인 시어스 부부는 아이 셋을 훌륭히 키우고 있었다. 그러다 넷째 딸 헤이든이 태어났는데, 그들은 기존의 양육법을 완전히 바꾸어야 했다. 앞서 태어난 세 아이를 키우며 축적한 능숙하고 숙달된 육아 방식은 넷째 헤이든에겐 통하지 않았다. 그는 그동안 자신을 찾아와 아이가 예민하다고 하소연하던 부모들의 심정을 그제야 비로소 이해할 수 있었다고 한다.

> • 헤이든을 팔에서 내려놓을 때 터뜨리는 아이의 울음은 그저 단순한 불평이 아니었다. 그야말로 전력을 다해서 울리는 사이렌 소리였다.
> • 아이는 놀라우리만큼 끈질기게 멈추지 않고 맹렬히 울어댔으며, 아무도 반응해주지 않으면 울음은 오히려 더욱 격렬해졌다.
> • 헤이든은 자기 욕구를 알리는 데 뛰어난 재능을 가진 아이였다.
> • 까다로운 아이를 키우려면 육아 문제를 의논할 상대를 구하는 일 또한 중요한데, 결론적으로 말하면 충분히 공감해줄 수 있는 사람

> 이어야 한다는 것이다. 친구들에게 헤이든을 키우며 겪는 딜레마를 이야기하다 보면, 마치 우리 헤이든이 낮에도 만족할 줄 모르고 밤에도 잠을 안 자는 세상에 둘도 없는 별종 같은 기분이 들었다.
> – 《까다로운 내 아이 육아백과》[1] 중에서

이 책을 읽으며 예전의 소은이를 보는 것 같은 기분이 들었다. 나는 소은이가 첫 아이였기 때문에 이 세상 모든 아이들이 이런 줄 알았다. 나중에서야, 나의 육아가 결코 평범하지 않음을 알았다. 소은이는 시어스 박사가 제시한 열세 가지의 특징에 다 해당하는 까다로운 아이였다. 주변 사람들에게 소은이를 키우며 겪는 어려움에 대해 얘기해도 아무도 우리 부부를 이해하지 못했다. 아이는 원래 울면서 크는 거라고, 엄마가 예민하게 받아들이니 아이가 예민한 것이라는 충고가 공허한 울림이 되어 돌아왔다. 그럴 때마다 아무에게도 공감받지 못하는 현실에 좌절하곤 했다. 그런데 지구 반대편에서, 그것도 하버드를 졸업하고 아이를 셋 키운 소아과 의사 선생님도 예민한 아이 앞에서는 나처럼 힘들었다는 사실이 위안이 되었다.

나처럼 예민한 아이를 키운 저자가 한 명 더 있다. 바로 《예민한 아이 육아법》의 저자인 엄지언 작가이다. 그녀는 예민한 아이의 특

---

[1] 윌리엄 시어스, 마사 시어스, 《까다로운 내 아이 육아백과》, 푸른육아, 2009

징을 엄마가 겪는 힘듦을 기준으로 여섯 가지로 분류하였다. 첫 번째는 자극 민감성, 두 번째는 잠 문제, 세 번째는 엄마 껌딱지 성향, 네 번째는 섬세한 지각, 다섯 번째는 새로운 자극에 대한 반응, 여섯 번째는 에너지이다.

첫 번째로 꼽은 자극 민감성이란 힘든 것이든 좋은 것이든 강하게 반응하고 표현하는 것을 말한다. 두 번째는 잠 문제로 엄지언 작가 역시 재우기 어려운 것을 예민한 아이로 분류하는 가장 큰 특징으로 뽑았다. 세 번째 특징인 엄마 껌딱지란 아이가 주 양육자에게 매달리는 성향을 말하며, 네 번째로 제시한 섬세한 지각이란 미묘한 것을 잘 알아챈다는 의미이다. 다섯 번째, 새로운 자극에 대한 반응은 새로운 상황에 평균적인 수준과 다르게 반응한다는 것이다. 마지막 특징으로 예민한 아이는 남다른 정신적 혹은 신체적 에너지가 있다고 보았다.

엄지언 작가가 나열한 특징들은 시어스 박사가 주장한 하이니즈 베이비의 특징과 크게 다르지 않다. 시어스 박사가 좀 더 구체적이고 직관적인 상황으로 제시했다면, 엄지언 작가는 그 항목들을 좀 더 압축적으로 제시했다.

한편 민감성 연구의 최고 권위자인 미국의 심리학자 일레인 N. 아론(Elaine N. Aron) 박사는 그의 저서 《The Highly Sensitive Child》에서 HSC(Highly Sensitive Child) 즉, 매우 민감한 아이라

는 말을 사용하며 민감한 아이의 양육은 달라야 한다고 말했다. 그의 책은 2011년에 《까다롭고 예민한 내 아이, 어떻게 키울까?》로 번역되어 우리나라에 출시되었고, 최근에는 《예민한 아이를 위한 부모 수업》이라는 제목으로 번역되어 개정판이 출시되었다. 이 책의 앞부분에는 자신의 아이가 민감한 아이인지 부모가 판단할 수 있는 체크리스트가 아래와 같이 제시되어 있다. 전체 항목 중 13개 이상에 해당하면 민감한 아이일 가능성이 높은데 소은이의 경우 23개 항목 중 21개 항목이 'O'에 해당했다.

			아론 박사가 제시한 민감한 아이 진단 체크리스트[2]
1	O	X	쉽게 놀란다.
2	O	X	거친 옷감이나 양말의 봉합선, 피부에 닿는 상표를 불편해한다.
3	O	X	깜짝 놀랄 만한 일을 즐기지 않는다.
4	O	X	강한 처벌을 할 때보다 부드럽게 바로잡아줄 때 더 잘 배운다.
5	O	X	내 마음을 읽는 것 같다.
6	O	X	나이에 비해 어렵고 풍부한 어휘를 사용한다.
7	O	X	아주 희미한 냄새를 금세 알아차린다.
8	O	X	영리한 유머감각을 가지고 있다.
9	O	X	매우 직관적인 것처럼 보인다.
10	O	X	신나는 하루를 보내고 난 후에는 쉽사리 잠에 들지 못한다.

2) 일레인 N. 아론, 《예민한 아이를 위한 부모 수업》, 웅진지식하우스, 2022

11	O	X	큰 변화에 잘 적응하지 못한다.
12	O	X	옷이 젖거나 모래가 묻으면 빨리 갈아입고 싶어 한다.
13	O	X	질문을 많이 한다.
14	O	X	완벽주의자다.
15	O	X	다른 사람의 고통을 잘 알아차린다.
16	O	X	조용한 놀이를 더 좋아한다.
17	O	X	깊게 생각해야 하는 질문을 던진다.
18	O	X	고통에 매우 민감하다.
19	O	X	시끄러운 장소에서 불편해한다.
20	O	X	미묘한 차이를 알아차린다. (어떤 물건을 옮겼다든지 어떤 사람의 외모에 변화가 생겼다든지 하는 것들)
21	O	X	높은 곳에 올라가기 전에 먼저 안전한지 아닌지, 꼼꼼히 살펴본다.
22	O	X	주위에 낯선 사람이 없을 때 일을 가장 잘한다.
23	O	X	사물을 마음속 깊이 느낀다.

 아론 박사는 민감한 아이들이 겉으로 보이는 민감성의 유형을 크게 네 가지로 나누었다. 신체적, 정서적, 사회적, 그리고 새로운 것에 대한 민감성이다.
 첫째, 신체적 민감성은 희미한 냄새도 잘 맡고, 온도 변화에 민감하며, 옷의 상표가 피부에 닿는 것에 불편해하는 것을 말한다. 이런 특성을 가진 아이들은 커다란 소음에 괴로워하고, 여러 가지가 섞인 복잡한 맛을 좋아하지 않으며, 다른 아이들보다 통증에 더 크게

반응할 수 있다. 둘째, 정서적 민감성은 다른 사람의 기분을 잘 눈치채거나, 쉽게 울며, 다른 사람의 고통에 대해 크게 괴로워하는 것을 말한다. 셋째, 사회적 민감성은 낯선 사람을 만나거나 한데 어울리는 것을 어려워하고, 얼마 동안 만나지 않은 사람과 다시 친해지는 데 시간이 걸리는 것이다. 넷째, 새로운 것에 대한 민감성은 주위의 작은 변화도 금방 알아채고, 깜짝 놀라는 일이나 갑작스러운 변화를 좋아하지 않으며, 이사처럼 새로운 일들이 한꺼번에 일어나는 것을 두려워하는 것이다.

아론 박사는 이처럼 민감성의 유형을 네 가지로 나누고, 아이가 가지고 있는 다른 기본적인 기질들 역시 민감성의 다양성에 영향을 미친다고 보았다. 그리고 알렉산더 토머스와 스텔라 체스가 제시한 아홉 가지 기본적 기질을 민감성을 염두에 두고 살펴보기를 권했다.

나아가 민감한 아이들의 특징을 여섯 가지로 나누고 부모가 올바른 기술을 습득하기 전까지 각 특징이 어떠한 문제를 일으킬 수 있는지에 대해 자세히 다루었다. 그 특징을 살펴보면 다음과 같다.

첫째, 민감한 아이들은 미묘한 것들을 잘 인식한다.
둘째, 쉽게 과잉 자극을 받고 지나치게 긴장한다.
셋째, 더 강렬하게 감정적으로 반응한다.
넷째, 다른 사람의 감정을 잘 헤아린다.
다섯째, 새롭고 위험할 수 있는 상황에 들어가기 전에 신중하다.

여섯째, 아이가 남과 다르다는 것 때문에 타인의 주의를 끈다.

아론 박사는 이러한 민감성은 바꿀 수 없는 것이며 민감한 아이들에게 더 좋은 양육과 교육을 할 때 이 아이들은 더 큰 행복을 느끼는 어른으로 자랄 수 있다고 주장한다. 또 민감성을 타고난 이들에게는 무엇보다 부모가 중요하며, 부모는 민감한 아이의 특징을 잘 파악하여 숙련된 양육을 하는 것이 아이의 많은 것을 바꿀 수 있다고 보았다.

마지막으로 《예민한 아이 잘 키우는 법》을 쓴 서울대 소아정신과 최치현 교수는 예민한 아이의 공통 특성을 아주 간결하게 두 가지로 설명하고 있다. 하나는 보통 사람보다 자극을 더 많이 받는다는 점이고, 다른 하나는 그래서 더 크게 반응한다는 점이다. 예를 들어 같은 소리라도 예민한 아이는 더 크게 듣고, 같은 통증이라도 더 크게 느낀다는 것이다. 그 이유는 예민한 아이는 수신 기능이 발달했기 때문인데, 뛰어난 수신 기능에 비해 잡음을 제거하는 기능이 완벽하지 않아 과도한 자극에 의해 힘들어할 수 있다고 설명하고 있다.

지금까지 예민한 아이가 보이는 특성에 대해 알아보았다. 당신의 아이는 이 모든 특성을 가질 수도, 일부만 가질 수도 있다. 정도의 차이가 있을 뿐, 예민한 기질의 아이라면 그 기질을 빨리 파악하고 그에 맞는 양육 태도를 갖는 것이 좋다.

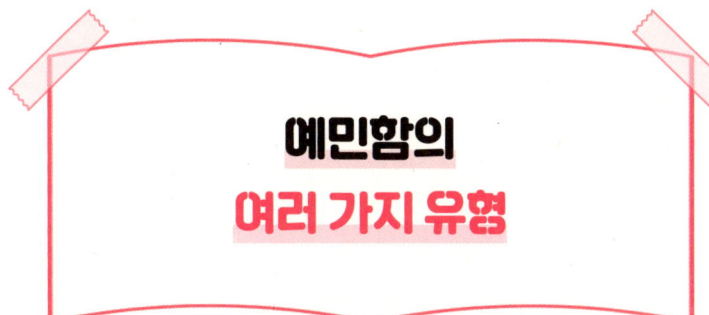

예민함의 여러 가지 유형

젠 그랜만과 안드레 솔로[3]의 공동 저서 《예민함의 힘》에서는 예민함의 유형을 다음과 같이 세 가지로 나눈다.

첫 번째, 낮은 감각 역치를 가진 유형(초감각)

슈퍼 센서(super sensor) 유형으로 시각, 후각, 청각, 촉각과 같

---

[3] 예민한 사람들과 그들의 능력을 다루는 미국 최대 상담 플랫폼 SRSensitive Refuge의 공동 설립자이자 저널리스트와 편집장

이 감각을 통해 받아들이는 정보에 민감함.

두 번째, 감정적인 자극에 쉽게 자극 받는 유형 (초감정)

슈퍼 필러 (super feeler)으로 사소한 일로 스트레스를 받거나 고통스러운 감정에 더 많이 시달림.

세 번째, 미적 예민성이 높은 유형 (심미안)

탐미주의자 (aesthete)로 예술과 아름다움에 특별한 심미안이 있음.

초감각형은 시끄러운 소리, 밝은 빛, 미세한 온도 변화를 민감하게 느끼는 것이며 초감정형은 다른 사람의 기분과 감정에 쉽게 전염되는 것을 말한다. 마지막 심미안 유형은 음악, 시, 소설, 영화 등의 장면에 깊이 감동하는 것이다.

오카다 다카시[4]의 저서 〈예민함 내려놓기〉에서는 예민함의 유형을 신경학적 예민함과 심리사회적 예민함으로 나눈다. 신경학적 예민함은 감각이 과민한 것으로 유전적, 발달적인 특성이라 볼 수 있다. 반면 심리사회적 예민함은 심리적인 부분, 대인관계 등 사회

---

[4] 도쿄대에서 철학을 공부했지만 중퇴하고 교토대 의과대학에 다시 들어가 정신과 의사가 된 특이한 경력의 소유자. 오랫동안 교토의료소년원에서 근무한 후, 오카다 클리닉을 개업했다.

적인 부분이라 볼 수 있다. 신경학적 예민함이 선천적인 기질에 해당한다면, 심리사회적 예민함은 후천적 예민함이다. 즉 전자는 선천적으로 예민한 기질로 태어난 것이고 후자는 애착 불안과 마음의 상처와 관계가 깊다.

오카다 다카시는 예민함을 그저 기질의 문제로 치부하지 않고 원인과 배경에 따라 예민함이 다르므로 각각의 예민함에 따라 대처 방식도 달라야 한다고 말한다. 또 이러한 예민함은 사회적응도, 삶의 고달픔, 행복에 큰 영향을 주므로 예민함을 이해하고 예민 스위치를 조절하는 법을 배워야 한다고 강조한다. 그리고 예민한 기질의 부정적인 면과 긍정적인 면을 다 살펴보고, 예민함을 무조건적으로 긍정적으로 순화시키지 말아야 함을 알려준다. 예민함은 질병과 깊숙이 연결되어 예민함이 한계를 넘어서면 몸의 증상, 정신이상으로까지 나타날 수 있기 때문이다.

아이로 적용한다면 예민한 아이가 그저 내성적이거나 사춘기라 치부하고 그냥 넘어가선 안되며, 어떤 원인으로 아이의 예민 스위치가 켜졌을 때 그것을 잘 이해하고 조절할 수 있는 방법을 익혀야 하는 것이다. 우리 책에서는 주로 출생 직후부터 초등학교 입학 전까지 어린아이의 예민함에 대해 다루고 있으므로 심리사회학적 예민함보다는 신경학적 예민함, 젠 그래만의 분류 중에서는 슈퍼 센서 유형에 좀 더 주목하여 예민함의 원인을 살펴보고자 한다.

🌟 순한 아이와 예민한 아이, 왜 다른 걸까?

여기 생후 6개월이 지난 두 아이가 있다.

사랑이는 신생아 때부터 세 시간 수유 텀을 꼬박꼬박 잘 지켰고, 50일이 되자 통잠을 자기 시작했다. 기저귀만 제때 갈아주면 찡얼대는 일도 별로 없었다. 낯선 사람을 봐도 잘 웃었고, 바닥에 내려두면 모빌을 보면서 혼자 놀았다. 다들 힘들다고 하는 신생아 시절도 그렇게 어렵지 않았다. 사랑이 엄마는 아이를 낳아 기르는 것이 행복하게 느껴졌고, 육아에 어느 정도 자신감이 생겼다. 저녁 9시, 아이가 잠이 들면 남편과 치맥을 한잔하며 그날에 쌓인 피로를 풀고, 둘째는 언제쯤 가지면 좋을까 가족 계획을 세워본다.

반짝이는 신생아 때부터 6개월이 된 지금까지도 수유 텀이 일정하지 않다. 남들처럼 시간을 재고, 수유 텀에 맞추어 분유를 줘봐도 젖병을 거부하고 먹지 않는다. 모유를 줘도 길게 먹는 법이 없다. 한 시간만 지나면 또 젖을 찾으며 운다. 반짝이 엄마는 하루 종일 수유만 하다 끝나는 기분이 든다. 반짝이는 '통잠'도 자본 적도 없다. 하룻밤에 열 번씩 깨서 울고, 누워서 잠을 자는 일도 없다. 유명한 육아 서적대로 수면 교육을 해보아도 번번이 실패로 돌아간다. 낮에도 시도 때도 없이 우는데, 아무리 달래도 달래지지 않는 경우가 다반사이다. 남들은 100일이 되면 육아가 좀 더 쉬워지는 '100

일의 기적'이 온다는데 6개월이 된 지금도 반짝이 엄마는 여전히 육아가 버겁고 힘들다.

과연 이 두 아이의 차이는 무엇일까? 사랑이 엄마는 육아에 타고난 소질이 있어서 아이를 잘 키웠고, 반짝이 엄마는 육아에 소질이 없어서 육아가 저렇게 힘든 것일까? 사랑이 엄마는 수면 교육을 잘하고 애착을 잘 형성해서 아이가 순하고, 반짝이 엄마는 일관성 없이 아이를 대해서 반짝이는 수유 텀도 엉망이고, 잠도 자지 않는 것일까?

두 아이가 저렇게 다른 것은 엄마의 양육 태도가 만들어낸 결과가 아니다. 심지어 같은 엄마의 배 속에서 태어나 비슷한 환경에서 자란 형제자매도 사랑이와 반짝이처럼 다를 수 있다.

아이들이 이렇게 다른 이유는 엄마의 양육 태도나 환경 때문이 아니라 아이의 타고난 기질이 다르기 때문이다. 사랑이는 순한 기질의 아이이고, 반짝이는 까다로운 기질의 아이이기 때문에 이러한 차이가 생긴 것이다. 결국 예민한 아이란 후천적인 요인이 아니라 선천적으로 타고난 것이다. 이런 예민한 아이들에 대해 심도 있게 연구한 학자들이 있다. 키워드는 바로 '기질'이다.

요즘 아이의 기질에 따라 육아를 달리하는 육아법이 각광받고 있다. 사실 기질 육아가 우리나라 엄마들에게 주목받기 시작한 것은 불과 몇 년밖에 되지 않았다. 내가 소은이를 낳았던 2018년까지만 해도 기질 육아가 그리 유행하지 않았다. 그런데 지금은 방송에서도, 서적에서도 아이를 기질에 맞게 키워야 한다는 얘기를 많이 한다. 대체 기질이란 무엇을 말하는 것일까?

기질의 사전적 정의는 다음과 같다.

> **◀ 기질 [명사]**
> 생애 초기부터 관찰되는 정서, 운동, 반응성 및 자기 통제에 대한 안정적인 개인차.

좀 더 쉽게 설명하자면 기질이란 아이의 타고난 성향, 반응하는 정도를 말한다. 기질은 부모의 양육과 상관없이 태어날 때부터 정해지는 것이다. 유전적인 특성에서 비롯되기 때문에 수정이나 조작, 변화시키기 어렵다. 이에 비해 성격은 기본적인 기질과 더불어 사회적, 교육적 습관의 교육과 경험을 포함하는 것으로, 성장하는 환경에 따라 바뀔 수 있다. 정리하면 기질은 바뀌지 않지만 성격은 바뀔 수 있는 것이다.

서강대학교 심리학과 김근영 교수가 집필한 네이버 심리학용어사전에 '기질'에 대한 연구가 잘 정리되어 있어 소개한다. 유아기 기질에 대한 초기 연구 가운데 유명한 연구는 알렉산더 토머스(Alexander Thomas)와 스텔라 체스(Stella Chess)가 시행한 뉴욕 장기 종단 연구(New York Longitudinal Study, NYLS)이다. 이들은 부모와의 심층 면접을 토대로 총 아홉 가지 기질 차원을 제안했다. 각 차원은 다음과 같다(Thomas, Chess & Birch, 1970).

* **활동 수준**(activity level) : 아이가 잠을 잘 때 얼마나 많이 움직이는지, 그리고 적극적인 놀이 활동을 얼마나 좋아하는지 여부
* **리듬성**(rhythmicity) : 먹고 자는 시간이나 양이 얼마나 규칙적인지 여부
* **주의분산도**(distractibility) : 한 자극에 얼마나 집중할 수 있는지, 혹은 다른 자극에 의해 주의가 얼마나 잘 분산되는지 여부
* **접근과 철회**(approach/withdrawal) : 새로운 장소나 음식, 이방인, 새로운 활동 등에 얼마나 쉽게 접근하고 관심을 가지는지 여부
* **적응성**(adaptability) : 새로운 환경이나 활동에 얼마나 빠르게 잘 적응하는지 여부
* **주의력과 끈기**(attention span and persistence) : 과제나 특정 활동, 놀이 등을 끝까지 하려고 하는지 아니면 금세 포기하려고 하는지 여부
* **반응 강도**(intensity of reaction) : 마음에 들지 않는 상황(예: 젖은 기저귀)에 접했을 때 얼마나 강한 반응을 보이는지 여부
* **반응의 역치**(threshold of responsiveness) : 큰 소리에 얼마나 반응하는지, 혼자서 얼마나 잘 잠자리에 드는지, 음식은 얼마나 잘 먹는지 등
* **정서의 질**(quality of mood) : 긍정 혹은 부정 정서를 얼마나 많이, 강하게 표현하는지 여부

그들은 이러한 아홉 가지 영역에 기반을 두고 유아들을 다음 세 가지 유형으로 구분했다. 미국인을 대상으로 실시한 초창기 연구

에 따르면 약 40%의 영아는 쉬운 아이에 포함되며 약 10%가 어려운 아이, 그리고 15%가 더딘 아이로 분류되었다(Thomas & Chess, 1977). 그리고 나머지 약 35%의 아이는 어느 유형에도 포함되지 않았다.

토머스와 체스의 연구는 기질의 차원을 구분한 최초의 광범위한 연구이지만, 상당수의 유아가 어느 유형에도 포함되지 않으며 대부분 부모의 보고를 토대로 기질을 측정했다는 비판을 받았다. 따라서 후속 연구자들은 기질의 차원을 재정립하려는 노력을 기울였으며, 다양한 제안을 내놓았다.

학자들의 연구 결과를 토대로 아이의 기질을 크게 세 가지 유형으로 분류하면 순한 아이(순둥이형), 반응이 느린 아이(대기만성형), 까다로운 아이(체제거부형)로 나눌 수 있다.

1) 순한 아이(순둥이 형)

순한 아이는 규칙적으로 밥을 먹고 배변을 하고 잠을 푹 자는 등 규칙적인 생활 리듬을 가진다. 거기에다 주변 환경의 변화에 잘 적응하고 새로운 자극이 생기면 관심을 보이며 그다지 스트레스를 받지 않는다. 울더라도 쉽게 달랠 수 있으며 잘 웃고 잘 노는 등 편안한 감정 상태를 보인다. 전체 아이의 약 40% 정도가 순한 아이 기질을 타고 태어난다. 이런 아이들은 부모가 편하고, 아이를 키우기 쉽다.

2) 느린 아이(대기만성형)

느린 아이란 '행동'이 느린 것이 아니라 '새로운 환경에 대한 적응 속도'가 느린 것을 말한다. 유달리 새로운 환경을 만났을 때 움츠러들고, 적응 속도가 느린 아이들이 있다. 전체 아이의 15% 정도가 느린 아이에 해당하며 이렇게 느린 아이는 초반에 까다로운 모습을 보여 부모가 힘들 수 있다. 또한 부모가 성급하게 새로운 것을 가르치거나 시키려고 하면 아이가 부모 뜻대로 빨리 따라오지 못해 속상해하는 경우가 많다. 하지만 이러한 아이들은 끝까지 느린 것이 아니라 적응이 되면 이내 순한 아이처럼 잘하는 모습을 보인다. 따라서 느린 아이의 부모는 아이가 새로운 환경에 적응할 수 있도록 시간을 갖고 기다리는 것이 필요하다.

3) 까다로운 아이(체제거부형)

우리가 주목하는 예민한 아이가 이 유형에 속한다. 까다로운 아이들은 신체적으로나 생리적으로나 항상 각성되어 있어 조그만 자극에도 금방 반응한다. 잠자리가 바뀌면 잠을 잘 안 자거나 깊게 못 자고 음식을 잘 먹지 않거나 매우 불규칙적으로 먹는다. 조그만 일에도 심하게 울고 달래기도 힘들다. 한마디로 생활 리듬이 불규칙하고 정서가 안정되어 있지 않아 키우기 까다로운 아이라는 뜻이다. 약 10%의 아이들이 까다로운 기질을 타고 태어난다고 한다. 부모가 육아하기 가장 힘들어하는 유형이다.

이렇게 아이를 기질에 따라 세 가지 유형으로 나눌 수 있으며 까다로운 아이는 전체 아이의 10%에 불과하다. 90%의 부모는 까다로운 아이를 경험해보지 못하기 때문에 이러한 아이와 부모를 이해하기 어렵다. 문제는 예민한 아이를 키우고 있는 부모도 자신의 아이가 까다롭다는 것을 제대로 인지하지 못해서 기질에 맞지 않게 아이를 키우고 있을 확률이 높다는 것이다.

처음에는 긍정적인 양육 형태를 보이던 부모도 까다로운 아이를 키우다 보면 부정적인 양육 방식을 취할 가능성이 높아진다는 것도 염두에 두어야 할 부분이다. 민주적인 양육 방식을 취하던 부모도 계속해서 아이가 자지도, 먹지도 않고 울기만 한다면 점점 부정적인 상호 작용을 할 가능성이 높아진다. 그리고 이러한 양육 방식은 아이에게 다시 부정적인 영향을 미쳐 결국 악순환이 반복된다. 까다로운 기질의 아이를 키우는 부모가 공부를 해야 하는 이유가 여기에 있다.

자극추구와 위험회피, 사회적 민감성

아이의 예민함에 관심을 가진 부모라면 '자극추구'와 '위험회피'라는 용어를 들어본 적이 있을 것이다. 이 용어는 TCI 검사[5]에서 기질을 측정하는 척도로 사용하는 용어이다. TCI는 기존의 다른 인성검사들과 달리, 한 개인의 기질과 성격을 구분하여 측정할 수 있다는 것이 큰 장점이다. 앞에서 기질과 성격이 다르다는 것을 살

---

[5] 미국 워싱턴대학교 교수 C. R. 클로닝거(C. R. Cloninger)의 심리생물학적 인성 모델에 기초하여 개발된 검사

펴보았다.

기질은 본래 타고난 유전적인 본성이나 선호도로 바뀌지 않는 고유한 특성이 있다. 이에 비해 성격은 기질의 영향을 받으며 생각이나 행동 패턴이 반복되어 굳어진 개인의 성질이다. TCI는 개인의 기질과 성격을 구분하여 측정함으로써 이를 명확히 구분하지 못한 기존 성격 검사의 한계를 극복하였고, 개인의 유전적 영향과 환경적 영향을 구분하여 인성 발달 과정을 이해할 수 있도록 하였다.

좀 더 구체적으로 척도를 살펴보면 기질을 측정하는 4개의 척도와 성격을 측정하는 3개의 척도로 구분된다. 먼저 기질을 측정하는 하위 척도는 다음과 같다.

자극추구

· 새로운 자극, 보상 단서에 의해 행동이 활성화되는 유전적 성향과 연관된다. 두뇌의 행동 활성화 시스템과 관련이 있다.
· 이 척도에서 높은 점수를 받은 사람은 충동적이고 호기심이 많고 신기한 것에 흥분하는 경향이 있다.
· 낮은 점수를 받은 사람은 절제되어 있고 새로운 자극에 대해 흥미가 없거나 저항적인 태도를 보이며 익숙한 것을 좋아한다.

위험회피

· 위험한 것, 혐오스러운 것에 대해 행동이 위축되는 유전적 성향과 연관된다. 두뇌의 행동 억제 시스템과 관련이 있다.
· 이 척도에서 높은 점수를 받은 사람은 조심성이 많고 섬세하며, 잘 긴장하는 경향이 있다.
· 낮은 점수를 받은 사람은 낙천적, 역동적이며 걱정이 없고 자신감 있다.

📌 사회적 민감성

· 사회적 보상 신호인 타인의 감정, 표정 등에 강하게 반응하는 유전적 성향과 연관된다. 두뇌의 행동 유지 시스템과 관련이 있다.
· 이 척도에서 높은 점수를 받은 사람은 감수성이 풍부하고 공감적이며, 사회적 접촉을 좋아한다.
· 낮은 점수를 받은 사람은 타인의 감정에 둔감하고 무관심하며, 혼자 있는 것에 만족해한다.

📌 인내력

· 한 번 보상된 행동은 꾸준히 지속하려는 유전적 성향과 연관된다. 두뇌의 행동 유지 시스템과 관련이 있다.
· 이 척도에서 높은 점수를 받은 사람은 끈기 있고, 좌절이나 피로에도 꾸준히 노력하려는 경향이 있다.
· 낮은 점수를 받은 사람은 게으르고 끈기가 부족하여 좌절하면 쉽게 포기한다.

다음으로 성격을 형성하는 3개의 하위 척도를 살펴보자.

📌 자율성

· 목표, 가치를 위해 행동을 상황에 맞게 통제, 조절, 적응시키는 능력과 연관된다.
· 이 척도에서 높은 점수를 받은 사람은 성숙하고 책임감 있으며, 목표지향적이며 자존감이 높다.
· 낮은 점수를 받은 사람은 미성숙하고 책임감이 부족하다. 목표를 설정하고 추구하는 것을 어려워하며 의존적 성향을 보일 때가 많다.

📌 연대감

· 자신을 사회의 통합적인 한 부분으로 생각할 수 있는 정도에 관한 것으로, 타인에 대한 수용 능력과 연관된다.
· 이 척도에서 높은 점수를 받은 사람은 타인에게 관대하고 타인의 욕구나 선호를 존중한다.
· 낮은 점수를 받은 사람은 타인에게 비판적이고 자신과 다른 성향을 가진 사람에 대한 배려심이 적다.

자기초월

· 자신을 우주의 통합적인 한 부분으로 생각할 수 있는 정도에 관한 것으로, 우주 만물과 자연에 일체감을 느끼며 도달하는 개인의 영성과 연관된다.
· 이 척도에서 높은 점수를 받은 사람은 집중할 때 시공간을 잊고 몰입하며, 창조적이며 자신의 활동을 충분히 즐긴다.
· 낮은 점수를 받은 사람은 현실적이며 상상력이 부족하고 자신의 일을 통제하려고 한다.

그렇다면 TCI 검사 결과와 까다로운 기질의 아이는 어떻게 연결되는 것일까? 혹시 아이가 너무 예민하여 육아가 힘들다면 TCI 검사를 통해 내 아이의 기질을 파악하고, 그에 맞는 양육 방법을 갖추는 것이 좋다. TCI 검사는 내 아이가 예민한 원인이 불안이 높고 안전을 회피하는 기질 때문인지, 외부 자극을 추구하는 기질 때문인지, 아니면 사회적으로 민감한 것인지를 알아보는 지표가 되기 때문이다.

아이의 예민함은 주로 불안과 충동에서 기인하는데 불안과 충동에 대해 알아볼 수 있는 척도는 이 중에서 '자극추구'와 '위험회피'이다.

📍 자극추구가 높은 예민한 아이

예민한 아이들은 대체로 욕구가 크며 충동성도 높다. 앞에서 예민한 아이의 특징으로 에너지가 넘친다고 언급했던 것을 되돌아보자. 예민한 아이는 자극에 민감하고, 에너지가 넘치며, 쉽게 흥분한다. 욕구가 커서 일상에서 여러 가지 자극을 추구한다. 아이가 자극추구 기질이 높을 때 부모도 자극추구 기질이 강하다면 괜찮지만, 부모가 그렇지 않을 때는 아이의 에너지 수준을 감당하기가 어렵다.

📍 위험회피가 높은 예민한 아이

예민한 아이들은 불안도 잘 느낀다. 위험회피 기질의 아이는 남들보다 위험 신호를 잘 감지하고 낯선 환경, 낯선 사람에 대한 두려움이 있으며 어떤 일이 실제보다 더 어렵다고 판단한다. 이 척도는 안전에 대한 욕구와 연결되기 때문에 이러한 기질의 아이는 감각적으로 안전한 느낌을 갖는 것이 무엇보다 중요하다. 위험회피 기질이 높은 경우 감각적으로도 예민한 경우가 많기 때문이다. 낯선 음식을 먹지 않거나 촉각에 유독 민감해 낯선 옷을 입지 않으려는 등의 모습을 보이므로 부모는 격려해주고, 기다려주는 것이 필요하다.

🚩 자극추구와 위험회피가 둘 다 높은 예민한 아이

　자극추구 기질과 위험회피 기질이 둘 다 강한 아이도 있는데, 이 경우 하고 싶은 마음과 두려워서 도전하지 못하는 마음이 부딪히며 갈등이 빈번히 발생한다. 심리학적으로 보면 접근 욕구와 회피 욕구가 동시에 일어나기에 끊임없이 내적 갈등이 생긴다. 자극을 추구하는 성향과 위험을 회피하는 성향은 얼핏 보기에도 상충하지 않는가? 불안도가 커서 위험을 회피하면서도 새로운 것을 추구하기에 본인은 물론, 그 아이를 양육해야 하는 부모도 힘들다. 완전히 모순되는 두 기질이 공존해서 매우 까다로운 유형에 속한다. 상반된 욕구를 함께 충족시키기 어렵기 때문에 아이 스스로 스트레스를 많이 받고, 신경질적으로 반응하기 쉽다. 부모는 아이를 종잡을 수 없고, 어느 장단에 맞추어야 할지 혼란스럽다.

　그렇다면 이런 아이는 어떻게 키워야 할까? 여기서 바로 성격이 중요한 역할을 하게 된다. 기질을 조절하는 것이 바로 성격이기 때문이다. 앞에서 성격을 형성하는 3개의 하위 차원을 살펴본 바 있다. 기억이 나지 않는다면 다시 앞으로 돌아가 성격의 하위 차원을 살펴보자. 우리는 그 중 첫 번째 하위 척도인 '자율성'이란 부분에 관심을 가져야 한다.

자율성이란 자신을 자율적 개인으로 이해하는 척도를 측정하는데, 점수가 높을수록 자율성에 높은 가치를 부여하고 자율적인 개인이 되고자 노력한다. 좀 더 구체적으로 이야기하자면 자율성은 '자기결정력'과 '의지력'이라는 두 가지 개념으로 설명할 수 있다. 자신이 선택한 목표와 가치를 이루기 위해(자기결정력), 자신의 행동을 상황에 맞게 통제할 수 있는 능력(의지력)이 바로 자율성이다. 그럼, 자율성을 높이려면 어떻게 해야 할까?

자율성을 높이려면 부모는 아이의 생각과 감정, 의견을 존중해주어야 한다. 아이의 생각과 감정, 의견을 존중한다는 것은 아이를 공감하고 지지한다는 뜻이다. 까다로운 기질의 아이가 자율성을 갖게 되면 스스로 자신의 욕구를 조절하여 훌륭한 어른으로 성장할 수 있다.

📌 사회적 민감성이 높은 예민한 아이

사회적 민감성이란 타인과 관계를 형성할 때 상대가 보이는 신호에 민감하게 반응하는 경향성이다. 앞에서 예민한 아이의 특성으로 사회적 민감성을 다룬 바 있다. 그렇다면 사회적 민감성이 높은 까다로운 기질의 아이는 어떻게 키워야 할까?

사회적 민감성에 높은 점수를 받은 예민한 아이라면 성격 차원에 있는 '연대감'의 개념을 떠올려보자. 까다로운 기질의 아이일수록 연대감을 높여서 자기 욕구를 타인의 욕구와 조화시키는 법을 배워야 한다. 나아가 자신의 욕구를 타인과 나누는 배려심까지 갖게 된다면 사회적 민감형 아이는 다른 사람들을 사랑하고, 하나로 연결시키며, 누구보다 마음이 따뜻한 사람으로 성장할 수 있을 것이다.

지금까지 TCI 검사 기질 척도로 예민한 아이의 유형을 자극추구형, 위험회피형, 자극추구+위험회피형, 사회적 민감형으로 살펴보았다. 물론 자극추구가 높다고 해서 다 예민한 것은 아니다. 자극추구는 새로운 경험을 찾고 모험을 즐기는 적극적인 성향을 말하므로 자극추구가 높다고 해서 까다로운 기질이라고 단정하기는 어렵다.

위험회피도 마찬가지이다. 위험회피는 안전을 추구하거나 위험한 상황에 노출되는 것을 피하는 성향이므로 불확실성이나 예기치 않은 일에 대한 불안감을 느낄 가능성이 높다는 것이지, 위험회피 성향이 높다고 하여 반드시 까다로운 기질이라 말할 수는 없다.

그러나 기본적으로 예민한 아이들의 특징을 살펴보면 자극을 추구하고, 위험을 회피하는 경향이 많은 것이 사실이다. 특히 자극추구와 위험회피 기질을 다 가지고 있는 아이라면 예민하면서도 대담하기에 부모 입장에서는 키우기 굉장히 까다로운 기질의 아이라고 볼 수 있다. 《예민한 아이의 특별한 잠재력》의 저자 롤프 젤린은 이렇게 여러 성향이 특수하게 조합된 유형은 두 가지 재능을 타고난 셈이며 두 가지 성향이 하나씩 번갈아가며 두드러지게 나타난다고 보았다. 주목할 것은 부모가 아이의 두 가지 특성을 모두 인정해주어야 한다는 것이다. 내 아이가 예민하더라도 아이에 따라 하나의 기질만 해당할 수도 있고, 모든 기질이 다 높은 가장 까다로운 아이일 수도 있다. 물론 인간은 기질과 성격이 복합적으로 작용하여 행동으로 드러나기 때문에 수학 공식처럼 정해진 정답이 있는 것은 아니다. 다만 기질은 정해져 있기에 이걸 '좋다', '나쁘다'라고 판단하기보다는 나의 아이를 이해하고 아이가 겪는 어려움에 대처하는 도구로 활용하면 좋겠다.

    기질은 바꿀 수 없지만 성격은 노력으로 변화할 수 있는 영역이므로 혹시 아이의 자율성과 연대감이 낮다고 하더라도 좌절할 필요가 없다. 앞에서 말한 것처럼 부모는 아이의 기질을 고치려고 하지 말고 있는 그대로 인정하고 수용하면서 바람직한 성격이 형성될 수 있도록 도와주면 되는 것이다.

난초 아이
vs 민들레 아이

　세계적인 아동발달학자인 토머스 보이스 박사는 《당신의 아이는 잘못이 없다》에서 심리학과 후성유전학[6]을 통해 예민하고 까다로운 아이들을 바라보는 전혀 새로운 관점을 제시했다. 아이의 예민함은 성격이나 의지 문제가 아닌 아이마다 다르게 타고난 '스트레스 반응성' 차이에 기인한다는 것이다. 스트레스 반응성 차이는

---

[6] 환경 노출이 유전자의 DNA 배열 자체를 바꾸지 않고 유전자 발현에 영향을 미치는 방식을 연구하는 학문.

아이가 외부 환경에 보이는 민감성 차이로 드러난다. 동일한 스트레스 상황에서도 스트레스 강도를 1로 받아들이는 아이와 10으로 받아들이는 아이가 존재한다는 뜻이다.

토머스 보이스 박사는 스트레스 반응성이 높은 고민감성 아동은 전체 아동의 15~20% 비율로 존재하며, 이러한 아이들을 '난초 아이'라고 명명했다. 이들은 아주 세심한 관리와 환경이 필요한 난초와도 같기 때문이다. 반면 다수를 차지하는 80~85%의 아이들은 어떤 환경에서도 꿋꿋하게 잘 자라는 '민들레 아이'라 칭했다.

난초는 환경의 특성에 매우 예민해서 세심한 보살핌을 받으면 멋진 꽃을 피우지만, 방치되거나 해를 입으면 바로 시들어버린다. 난초 아이들도 이와 마찬가지로 환경에 극도로 예민하고 취약하지만 충분한 지원과 보살핌을 받는 환경에서는 생기와 창의성이 넘치고 성취도가 높은 모습을 보인다.

이에 비해 민들레는 어디서든 잘 자라며 뿌리 내린 곳에서 꽃을 피우는 꿋꿋함을 지닌다. 민들레 아이들은 이처럼 더 굳세고 웬만한 어려움은 극복할 수 있지만 평균적이거나 평범한 결과를 낼 때가 많다고 한다.

가정에서, 교실에서, 공동체에서 우리가 만나는 아이들은 대부분 민들레와 같아서 어디에 뿌리를 내리든 상관없이 무럭무럭 잘 자란다. 하지만 난초 아이들은 어떠한 환경에 있느냐에 따라 시들어버릴 수도 있고, 더 우아하고 아름다운 꽃을 피울 수도 있다는 것이 토머스 보이스 박사의 주장이다.

나는 이 놀랍고도 절묘한 비유에 감탄하지 않을 수 없었다. 그리고 그동안 난초 아이를 키우면서 겪었던 설움과 혼란스러움, 힘들었던 순간이 떠오르며 위로를 받는 기분이 들었다. 존재를 인정받은 기쁨이랄까.

아이가 어린 시절, 지금보다 더 육아가 힘들었을 때 대다수의 사람은 예민한 아이를 키우는 우리 부부를 이해하지 못했다. 또래 아이를 키우는 친구도, 심지어 친정이나 시댁 식구들도 매일 우리와 일상을 함께하는 것이 아니기에 우리가 겪는 고충을 공감하지 못했다. 때때로 육아는 다 똑같이 힘들다며, 뭘 그렇게 유난을 떠느냐는 타인의 시선과 마주할 때는 눈물이 나기도 했다. 그런데 평생을 연구하고 진료하며 아이들과 함께해온 박사님이 과학적으로 난초 아이가 존재한다는 것을 입증해주니 얼마나 감사하고 반가웠는지 모른다. 그리고 이 책을 읽고 나서 내게 상처를 준 사람들에게 "이것 봐요! 당신이 키운 아이는 민들레 아이라고요! 난초 아이를 모른다면 함부로 말하지 마세요!"라고 말해주고 싶은 마음이 치밀었다. 하지만 그보다 더 시급한 것은 난초 아이를 키우고 있는 부모들에게 이 책의 내용을 소개하는 것이었다. 난초 아이들은 외부 환경에 쉽게 영향을 받는 특징으로 인해 부모의 양육에 따라 극적으로 변화하는 양상을 보이기 때문이다. 이 책에는 낯선 용어들과 전문적인 연구 결과가 많다 보니 가볍게 술술 읽히는 쉬운 책은 아니다. 그래서 엄마의 입장에서 최대한 이해하기 쉽게 풀어보고자 한다.

소아과 의사인 저자는 자신의 여동생이 난초 아이였고, 본인은 민들레 아이였다고 털어놓는다. 같은 가정과 환경 속에 자랐음에서도 이들은 완전히 다른 삶을 살았고, 미래도 달랐다. 이사, 가정불화, 좌절, 상실 등 가족 전체의 삶이 커다란 변화와 혼란을 겪는 중대한 시기를 거치며 두 아이의 삶은 달라졌다. 민들레였던 자신은 개의치 않았던 사건들도 동생에게는 위기로 다가왔고, 동생은 번번이 돌부리에 걸려 넘어졌다. 결국 동생 메리는 심각한 신체적, 정신적 질병에 시달리며 고생하다 불행하게 생을 마감했다. 저자는 '한 집안에서 태어나 자랐는데 왜 어떤 아이는 아프고 불운한 삶을 사는 반면 어떤 아이는 건강하고 행복한 삶을 누리는가'라는 근본적 의문을 품고, 난초-민들레 아이에 대한 연구를 시작했다.

토머스 보이스 박사 연구팀은 스트레스와 건강 그리고 새롭게 찾아낸 변수인 난초-민들레 아이 유형의 관계를 파악하기 위해 샌프란시스코 지역 유치원생들을 대상으로 두 차례의 연구를 진행했다. 아이들을 검사해 난초-민들레 유형으로 구분하고, 부모 인터뷰 및 설문을 통해 가정 내 스트레스 요인을 확인하고, 간호사가 매주 아이를 검사하거나 부모가 2주마다 호흡기 질환 항목을 기입하는 식으로 건강 상태를 파악했다.

　연구 결과 가장 높은 호흡기 질환 발병률을 보이는 아이는 스트레스가 많은 가정에서 자라는 난초 아이이고, 가장 낮은 호흡기 질환 발병률을 보인 아이는 스트레스가 적은 가정에서 자란 난초 아이라는 게 밝혀졌다(민들레 아이는 가정 내 스트레스 수준에 거의 관계없이 비슷한 호흡기 질환 발병률을 보였다).

　같은 유형의 아이가 가장 건강한 아이가 될 수도, 가장 아픈 아이가 될 수 있다는 결과는 무엇을 의미할까? 이 아이들은 외부 환경에 반응하는 특유의 '민감성' 때문에 환경이 부정적이건 긍정적이건 그 영향을 더 많이 받아들이고 흡수했다. 그래서 같은 유형임에도 극과 극의 결과가 나타난 것이다.

　그렇다면 이러한 '민감성'의 차이는 어디에서 오는 것인지 의문이 든다. 루마니아 아동들을 연구한 과학자 연합은 연구에서 뇌의 신경 전달 물질인 세로토닌과 연관된 유전자가 짧을 경우 난초를 닮은 표현형이 출현한다는 사실을 발견했다. 그러나 또 다른 연구에서는 유전적이지 않은 요인에 따라 결과가 달라졌다. 이는 유전자가 모든 것을 결정하지는 않는다는 것을 의미한다. 보이스 박사에 따르면 난초 아이는 유전자의 영향으로 특수 감수성을 보이는 성향을 타고났을지 모르지만, 생애 초기 환경 또한 상당한 영향을 미칠 가능성이 크다고 한다. 결론적으로 난초와 민들레의 차이는 노출된 환경의 차이만도, 유전적 감수성 편차만도 아니며 환경과 유전자가 함께 일으키는 상호 작용의 산물이라 할 수 있다.

정리하면 난초와 민들레 아이의 차이는 환경과 유전자 양쪽에 영향을 받아 생겨나며, 분자와 세포 수준에서 이루어지는 상호 작용이 아이의 민감성 수준을 결정한다. 특히 생애 초기 적응 과정에서 유전자와 환경 요인이 일으킨 상호 작용의 산물일 확률이 매우 높다. 그리고 이 상호 작용은 살면서 겪는 경험(가족, 트라우마, 또는 평범한 사건 등)을 통해 게놈에 화학적 수정이 가해지고, 이로 인해 특정 유전자가 해독되고 발현하는 시기, 장소, 정도가 조절되는 방식으로 일어난다. 난초든 민들레든 그 중간 어딘가에 있든, 인간은 모두 그런 상호 작용을 통해 자기가 성장하는 환경과 성장 설계도인 유전적 차이 양쪽의 영향을 받으며 자기 자신이 되는 것이다.

결국 보이스 박사는 같은 가정에서 자랐지만 동생과 자신이 달랐던 이유를 다음과 같이 설명한다.

> 같은 부모에게서 태어나 같은 집에서 자란다 해도 형제자매는 부모의 대우, 유전, 환경의 차이에 따라 매우 다른 현실 속에서 성장하고 발달한다. (중략) 우리의 생물학적 기초(예를 들어 유전자 구성)는 매우 달랐기에 후성유전적 적응력도 다를 수밖에 없었다. 그리고 어린 시절 서로 다른 경험을 했기에 성장해서 완전히 다른 어른이 되었다. 매우 다른 후성유전적 '스위치'가 켜졌기 때문이다.
> – 《당신의 아이는 잘못이 없다》[7] 중에서

---

[7] 토머스 보이스, 《당신의 아이는 잘못이 없다》, 시공사, 2020

지금까지 난초와 민들레 아이의 특징과 기원에 대해 알아보았다면 이제 우리가 가장 궁금한 부분, 이러한 난초 아이를 어떻게 키워야 할지에 대해 살펴볼 차례다.

보이스 박사에 따르면 난초 아이는 부모의 아주 사소한 육아 방식 차이에도 커다란 영향을 받는 반면, 민들레 아이는 상대적으로 자기 부모의 강점과 결점에 흔들리지 않고 어린 시절을 무난하게 보낸다. 난초 아이는 작은 스트레스에도 취약하기 때문에 잔병치레를 자주 할 수 있고, 나아가 우울증 위험도 훨씬 높다고 한다. 다만 따뜻하고 다정한 환경만 보장된다면 민들레 아이보다 더 창의적이고 섬세하게 자신의 재능을 펼칠 수 있다. 그렇기에 난초 아이에게는 부모와 교사의 다정하고 온정적인 태도가 무엇보다 중요하다.

감각이 섬세하게 발달한 예민한 아이

예민한 아이들 중에는 감각이 섬세하게 발달한 경우가 많다. 새로운 옷을 입지 못한다든가, 모래가 발에 닿는 것을 심하게 싫어한다든가, 새로운 음식은 입에 대지 않는다든가, 사이렌 소리나 오토바이 소리를 견디지 못한다든가. 우리는 이럴 때 흔히 아이가 까다롭게 군다고 생각하지만 이것은 아이가 어찌하지 못하는 감각의 문제일 수 있다. 앞서 예민함의 여러 가지 유형에서 소개한 젠 그랜만과 안드레 솔로의 슈퍼 센서 유형이 여기에 해당된다.

《예민한 아이 육아법은 따로 있다》의 저자 나타샤 대니얼스(Natasha Daniels)는 아이가 예민한 이유는 불안감 때문이며, 이러한 불안감은 부모의 탓이 아니라 유전과 불안증에 관련된 가족력, 아이의 정서적 민감성, 감정 문제가 주된 원인이라 하였다. 그리고 특히 불안은 감각 처리 장애 사이에서 밀접한 연관성이 있는데 불안감으로 힘들어하는 아이는 감각 처리 장애(이전에는 감각 통합 장애라 불림)가 있을 확률이 높다고 보았다.

그렇다면 나타샤 대니얼스가 말한 감각 처리란 무엇일까? (감각 처리 혹은 감각 통합은 유사한 말인데 우리 책에서는 감각 통합이라는 말로 통일하여 사용하고자 한다.) 감각 통합을 알기 위해서는 기본적으로 감각을 알아야 하기에 간단히 설명해본다.

감각은 크게 외부감각과 내부감각으로 나누어진다. 일반적으로 우리가 흔히 알고 있는 다섯 가지 감각인 촉각, 시각, 청각, 후각, 미각은 외부 감각이다. 우리 몸 밖에서 우리 몸에 입력되는 감각을 말한다. 이외에 두 가지 감각이 더 존재하는데, 이는 우리 몸 내부의 감각으로 고유수용성 감각과 전정 감각으로 구분된다.

고유수용성 감각이란 인체 내부에서 발생하는 자극에 대한 감각으로 관절이나 근육 등에서 일어나는 압력, 긴장, 진동 등을 감지한다. 인체 자체에서 발생하므로 외부 자극이 없어도 인식된다. 상황에 따라 내 몸을 어떻게 움직이는지, 자세를 어떻게 조절하는지 알려주는 감각이다.

전정 감각은 중력을 감지하여 균형을 잡는 감각으로, 우리가 넘어지지 않게 균형을 잡아주는 감각이 바로 전정감각이다. 전정계의 민감도는 신생아 때 다른 감각에 비해 가장 높고 6~12개월에 절정에 이르는데, 흔히 '등 센서'가 달렸다고 일컫는 아이는 전정 감각이 매우 예민한 아이라 볼 수 있다. 또 전정계에 과민증이 있는 경우 자동차나 비행기, 기차 등 교통수단을 이용할 때 메스꺼움을 느낄 수 있다. 차만 타면 우는 아이도 사실 전정 감각이 예민했을 가능성이 높다.

다시 감각 통합으로 돌아가보자. 감각 통합은 자신의 신체와 환경으로부터 주어지는 감각들을 조직화하고 그 환경 속에서 신체를 효과적으로 사용할 수 있도록 하는 신경학적 과정이다(에이리스, 1989). 미국의 작업치료사이며 심리학자인 에이리스 박사가 발전시킨 이론이다.

우리말샘 사전[8]을 검색하면 '신체의 신경적 기능을 발달시키거나 외부 환경에 적절히 반응하기 위하여, 감각 기관으로 들어온 다양한 자극을 조직화하는 과정. 또는 그런 것. 인간을 비롯한 생명체의 여러 가지 행동이 다양한 감각 간의 협력을 필요로 하고 있으며 이는 대부분 무의식적으로 이루어지기 때문에, 이상이 생길 경우

---

8) 국립국어원에서 만든 개방형 한국어 지식 대사전 국어사전

학습이나 행동에 문제가 나타나게 된다'라고 설명하고 있다.

쉽게 말하면, 감각 통합은 감각 정보를 뇌에서 통합시킴으로써 환경에 적응하고 행동을 계획하고 실행하도록 하는 것이라 볼 수 있다. 이러한 감각 통합 기능은 중추신경계인 뇌에서 일어나는데, 사소한 고장이 일어날 때 그 뇌는 감각 신호들을 분석하고 조직화하고 연계할 수 없게 된다. 감각 통합에 이상이 생기면 감각으로부터 정보를 이용하는 데 어려움이 생기고, 일관되고 의미 있게 반응할 수 없는 것이다. 이러한 증상을 보이는 아이들은 '감각 통합에 문제가 있다'라고 하며 '감각 통합 치료'의 대상이 된다.

에이리스에 따르면 감각 통합은 생후 7세까지 이어지는데 생후 7년 동안 잘 통합되면 이후에 정신적, 사회적 기능의 기초가 된다고 한다. 따라서 감각 통합 문제는 대부분 시간이 지나면 자연스럽게 좋아진다. 감각 통합은 사실 정도의 문제라서 치료를 받아야 할지에 대한 판단은 아이의 발달 지연 여부와 부모가 얼마나 힘든가에 달려 있다.

나타샤 대니얼스도 감각 문제는 아이의 의도적인 행동이 아니므로 감각 문제를 훈육으로 다스리는 것은 비효과적이며 문제를 악화시킨다고 보았다. 아이가 겪고 있는 감각 처리 장애가 심하지 않다면 부가적인 개입 없이 아이 스스로 자신의 예민한 감각을 처리할 수 있도록 도와주어야 한다는 것이다.

소은이는 25개월 때 어린이집에서 불안을 겪으며 일시적으로 감각 통합에 문제가 생겼고, 그 일을 계기로 아이가 예민하다는 것을 인식하게 되었다. 문제는 당시 아이가 보이는 이상 행동들이 감각 통합의 문제라는 것을 전혀 몰랐기에 감각 통합 치료가 있다는 것도 알지 못했고, 그래서 6개월이란 시간을 아이도 부모도 너무 힘들게 보냈다는 것이다(소은이가 겪은 감각 통합 문제는 뒤에서 다시 구체적으로 다루도록 하겠다).

만약 당신의 아이가 감각에 지나치게 예민하다면, 감각 통합에 문제가 있을 수 있다는 사실을 염두에 두었으면 좋겠다. 감각 문제가 아이의 발달을 방해하거나 일상생활에 지장을 주는 정도라면 감각 통합 치료를 시행하는 기관을 방문하여 작업치료사(감각통합치료사)의 도움을 받길 바란다.

예민한 우리 아이
어떻게 키워야 할까?

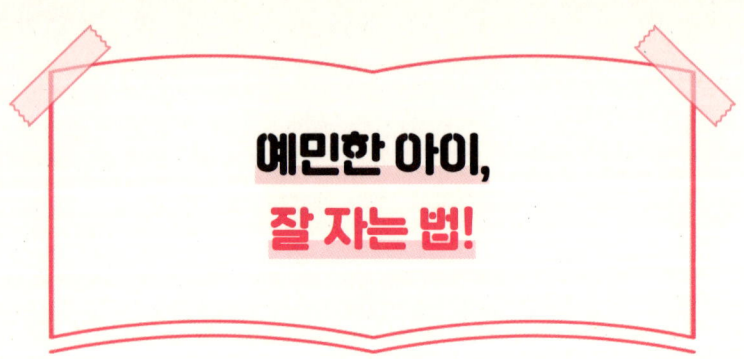

📌 야경증? 야제증? 수면 교육이 통하지 않는 예민한 아이

육아를 할 때 아이가 잠을 안 자는 것만큼 괴로운 일이 또 없다. 나 역시 소은이를 키우며 잠과의 전쟁을 벌였고, 다섯 살이 되고서야 비로소 보통의 아이처럼 재우는 것이 가능해졌다. 당시 힘들어하던 내게 시간이 약이라고 조언을 해준 사람들이 있다. 물론 시간이 약이라는 말이 틀린 말은 아니지만, 그 시간이 대체 나에게 언제

오느냐가 중요하다. 대부분 아이는 두 돌 정도만 되어도 잘 자고, 세 돌이 지나면 쓰러져 잔다고 한다. 그러나 소은이는 네 돌을 넘기고, 유치원 생활을 하면서부터 비로소 잠 문제에서 조금 살 만해졌다.

이 세상에 잠 못 자는 아이가 소은이만 있는 것은 아닐 테니, 분명 어딘가에는 지금도 아이의 잠 문제로 고통 받고 있는 부모들이 있을 것이다. 시간이 약이라는 말은 분명 사실이지만, 그 기약 없는 시간이 올 때까지 부모가 두 손 놓고 기다릴 수는 없지 않은가. 그건 너무 가혹한 일이기에 그런 부모들에게 조금이나마 도움이 되길 바라는 마음으로 글을 쓴다. 수면 문제는 아이의 기질과 밀접한 관련이 있는데 나는 소은이를 키울 때 내 아이의 기질에 대해 전혀 몰랐고, 엉뚱한 수면 교육으로 삽질만 반복했던 쓰라린 경험이 있기 때문이다.

소은이는 아기 때부터 잠이 없는 아이로 유명했다. 잠이 드는 것도 어려웠고, 잠을 유지하는 것도 어려웠다. 두 돌까지 아이를 안거나 업어 재워야 했다. 그렇게 힘들게 재워 바닥에 내려놓는 순간 아이는 다시 잠에서 깨어 인정사정없이 울었다. 하룻밤에도 10번 이상 깨서 자지러지게 울던 아이. 아이가 13개월이 되었을 때 모유 수유를 끊으며 비로소 통잠을 자기 시작했지만 그 후로도 오랫동안 잠드는 것을 힘들어했다.

과장 없이 단 하루도 혼자 누워서 잠이 든 적이 없었고, 잠이 오면 무조건 악을 쓰고 울었다. 안아주거나 업을 때까지 울고, 때론 안겨서도 울고, 밖으로 나가야 비로소 울음을 그쳤다. 그냥 잠을 안 자는 것이라면 집에서 밤을 새서라도 놀아주겠지만, 문제는 잠이 오면 우는 상황이 매일같이 공식처럼 반복된다는 점이었다. 할 수 없이 날이 좋은 날은 유아차, 비가 오면 차를 타고 나가서 길에서 아이를 재웠다. 아이가 잠드는 시간은 늘 밤 12시가 넘었다. 겨우 잠든 아이를 데리고 집으로 돌아와 침대에 눕혀도 성공보다 실패하는 날이 더 많았다. 성공했어도 한 번에 두 시간 이상을 잔 적이 없었다. 새벽에 아이가 깨면 다시 안아 재우기를 반복. 그렇게 우리 부부는 2년을 거의 산송장처럼 살았다. 정말 미쳐버릴 것 같았다.

두 돌 무렵 이사를 하면서 잠자리가 바뀌자 아이는 비로소 누워 자기 시작했다. 물론 잠드는 데까지는 두 시간, 많게는 세 시간이 걸렸다. 그러나 우리에게는 아이가 집에서 잠을 잔다는 것만으로도 감사하고 행복한 일이었다. 그러나 그 행복은 오래가지 못했다. 28개월에 어린이집을 보내며 다시 고난이 찾아왔다. 어린이집 적응 기간에 담임교사가 우는 아이를 한 시간 동안 방치했고, 아이는 그것이 트라우마가 되어 밤이면 밤마다 경기를 일으키며 울었다. 당시 말도 제대로 못 하는 아이가 엄마를 찾으며 목 놓아 울던 장면은 지금도 생각하면 눈물이 난다. 그 일은 아이에게도, 엄마에게도 정신적으로 큰 충격을 주었고 우리 가정에 불행의 씨앗이 되었다. 그날 이후

울며 깨기를 수십 번. 아이의 눈이 뒤집히고, 비명을 지르고, 공포에 사로잡혀 벌벌 떠는 아이를 보며 가족 모두 절망하던 날들.

대체 어디서부터 어떻게 잘못된 것일까. 한의학의 관점으로 보면 소은이는 영아기에는 야제증을, 좀 더 커서는 야경증을 겪은 것으로 보인다. 야제증은 밤에 운다는 뜻으로 신생아부터 만 2세 미만 아기에게 주로 나타난다. 별다른 이유가 없는데도 우는 아이라면 기가 정체되어 순환이 안 되고 몸의 한 곳에 열이 뭉쳐져 있는 상황, 즉 기체증을 야제증의 원인으로 본다. 그리고 야제증을 일으키는 직접적인 원인을 해결하지 못하면 상초기체증이 그대로 남아 호흡기 질환이나 소화기 질환 등의 문제가 생길 수 있다고 한다. 이에 비해 야경증은 밤에 놀란다는 뜻으로 갑자기 잠에서 깨어 비명을 지르거나 악몽을 꾼 것처럼 놀라서 우는 증상을 말한다. 주로 3세 이후의 유아에서 8세 미만의 아동에게 나타나며 갑자기 소리를 지르거나 몸부림을 치는 등 공포나 공황상태처럼 보일 수 있다.

시간이 흐르면서 야경증은 차츰 나아졌지만 잠 못 드는 밤은 여전했고 결국 아이가 36개월이 되었을 때 우리는 소아한의원을 찾아갔다. 소은이를 진맥한 한의사 선생님은 소은이를 체력이 좋고 에너지가 많은 아이, 아래 기운보다 위에 기운이 많고 특히 머리 쪽 기운이 강한 특징이 있으므로 아래 기운을 강화하여 몸의 균형을 회복시키자고 하셨다. 그러면 기운이 배 속으로 잘 돌아오게 되어 지금보다 잘 잘 수 있을 거라고.

그럼, 드디어 우리 아이의 수면 장애가 해결되었을까? 수십만 원의 돈을 주고 한약을 지어 왔지만 아이는 약을 먹지 않았다. 아무리 좋은 약이라도 아이가 안 먹으면 끝이었다. 설탕도 타보고 주스에도 넣어보고, 온갖 방법을 동원했지만 아이는 끝내 약을 거부했다. 만 3세면 갓난아기 때처럼 입을 벌려 억지로 먹일 수 있는 나이도 아니었다. 그렇게 한의원 프로젝트도 수포로 돌아갔다.

여기까지 읽고 이해가 안 가는 분들이 있을 것이다. 아니, 아이를 왜 이렇게 힘들게 재우지? 그냥 놀다 보면 아이가 알아서 자는 것 아닌가? 불 끄고, 자장가 틀어주고, 그림책 좀 읽어주면 아이가 뒹굴뒹굴하다 잠이 드는데?

보통의 아이는 그럴 것이다. 아이에게 팔베개를 해주고, 아이 머리를 쓰다듬고, 뒹굴다가 함께 잠이 드는 것. 얼마나 평온하고 행복한 풍경인가. 운이 좋으면 아이가 어릴 때부터 이게 가능하겠지만 누구에게나 당연한 것은 아니다. 책을 읽어주는 엄마의 목소리를 들으며 스르르 잠이 든다? 우리 가족에게 그건 상상 속에서나 가능한 일이었다(물론 아이가 다섯 살이 되면서 그 상상이 마침내 현실이 되었다).

그러나 돌이켜보면 아쉬움도 많이 든다. '그때 내가 이렇게 했었더라면, 엄마도 아이도 힘들었던 그 시간이 조금은 줄어들지 않았을까' 하는 생각이 많이 들었다. 그래서일까, 알 수 없는 사명감으로 굳이 또 이렇게 글을 쓰고 있다. 글을 쓰다 보면 결국 생각이 정리되고, 그 과정에서 소은이를 키웠던 힘들었던 지난날도 치유되리라 믿으며.

미리 밝혀두지만 보통의 아이를 키우는 분들은 공감할 수 없는 이야기이다. '아이 키우기 힘들었다는 얘기를 참 길게도 적는다'라는 생각이 들지도 모른다. 그러나 아이의 수면 장애로 고통 받는 분들에게는 지금부터 내가 쓰는 글이 조금이나마 도움이 되리라 생각한다.

📌 연령별로 다른 수면 문제 해결법

아이가 잠을 자지 않는 이유는 여러 가지가 있지만 내 경험상 그 이유도 대처법도 아이의 연령마다 다르게 접근할 필요가 있는 것 같다. 다시 말하면 아이가 잠을 자지 않는 현상은 같더라도, 그 이유는 연령에 따라 다를 수 있다는 뜻이다.

수면 문제를 연령별로 살펴보면 다음과 같이 세 단계로 나눌 수 있다.

첫째, 0~24개월 (영아 수면)

둘째, 24~36개월 (두 돌 이후부터 세 돌 무렵)

셋째, 36개월~7세 (세 돌 이후부터 초등학교 입학 전)

아이가 어느 정도 나이가 들어 말이 통하는 세 돌 이후는 잠을 거부하는 이유를 비교적 명확히 알 수 있다. 간단히 말하면 더 놀고 싶고, 에너지가 넘치기 때문이다. 그러나 말을 못 하는 시기인 영아기 때는 아이가 잠 못 드는 원인을 알기가 더 어렵다. 말도 통하지 않는 아기가 날마다 악을 쓰고 울 때 부모의 심정은 겪어보지 않은 사람은 모른다. 별의별 방법을 동원해도 이 작은 생명체 하나를 달랠 수 없다는 사실에 부모는 무력감을 느낀다. 영아기는 바로 이러한 '잠투정'이 가장 극에 달하는 시기이다. 그럼 대체 잠투정이란 무엇이고, 왜 영아들은 잠투정을 하는 것일까?

0~24개월: 수면 교육보다 중요한 수면 환경 만들기

생후 0~24개월까지의 아이를 영아라고 하는데, 영아기 수면의 특징은 REM 수면이 많다는 점이다. REM(Rapid Eye Movement) 수면이란 잠을 자는 동안 눈동자가 빨리 움직이는 상태로, 깨어 있는 것에 가까운 얕은 수면을 말한다. 성인에서는 수면의 20%만이

REM 수면인데 반해, 영아 수면에서는 REM 수면이 차지하는 비율이 높다. 구체적으로 살펴보면 생후 1개월 동안은 생의 어느 시기보다 REM 수면이 많은데, REM 수면이 전체 수면의 80%를 차지한다. 생후 6개월부터 REM 수면은 전체 수면의 35~45% 정도를 차지한다. 그리고 생후 12개월경이 되면 REM 수면은 전체 수면의 30% 정도를 차지한다. 따라서 아이가 어릴수록 얕은 잠을 많이 자고, 주변 환경의 소음이나 빛에 의해 깨는 일이 많다. 특히 아이가 작은 자극에도 크게 반응하는 예민한 아이라면 더욱 잠들기 어렵고, 자면서 깨는 일도 많을 수밖에 없다. 예민한 기질을 가지고 있는 아이는 작은 소리나 빛에도 민감하게 반응하기 때문에, 다른 아이들보다 쉽게 잠들지 못한다. 소은이의 경우 이 시기에 문 닫는 소리, 전등 스위치를 딸깍하는 소리, 이불이 바스락거리는 소리에도 깨서 울었다. 아이를 재우고 빠져나오기 위해 움직이는 기척에도 잠에서 깼다. 마치 아이에게 어른은 듣지 못하는, 이 세상에 존재하는 모든 소리를 들을 수 있는 초능력이 존재하는 것 같았다.

 아이를 재우기 위해서는 이렇게 아이의 신경에 거슬리는 세상의 소리를 차단해야 했는데 그 방법 중 하나가 청소기나 헤어드라이기 소리를 들려주는 것이었다. 청소기나 헤어드라이기 소리는 우리가 생각하기에 시끄러운 소리인데 신기하게도 아이는 이 소리를 들으면 편안해했다. 이런 소리를 백색 소음이라 하는데 백색 소음은 원래 넓은 음폭을 가져 일상생활에 방해가 되지 않는 소음을 말한다. 일반적으로는 빗소리, 귀뚜라미 소리, 물 흐르는 소리 등이 자장가 대신 많이 이용된다. 그런데 소은이는 이런 잔잔한 백색 소음이 아닌 가전제품에서 나오는 백색 소음을 들어야 비로소 울음을 그쳤다. 사실 가전제품에서 나오는 백색 소음에는 고주파가 섞여 있어 어른이 듣기에는 불편한 경우가 많다. 그런데 희한하게도 그 시절 소은이는 이 소리에만 반응을 했다. 그래서 우리는 밤마다 청소기를 켜두거나, 아이가 깰 때마다 헤어드라이기를 틀고 소음을 견뎌야 했다. 오죽하면 남편은 스마트플러그(휴대폰 앱을 이용하여 원격으로 전원을 올리거나 내릴 수 있는 플러그)를 설치해서 헤어드라이기 전원을 침대에서 원격으로 켜고 끄곤 했다. 어떤 날은 아이를 재우다 우리도 같이 잠이 들어 헤어드라이기를 냉풍 상태로 한 시간 넘게 켜놓은 적도 있었다.

그렇게 끝나지 않을 것 같던 힘든 시간이 모유를 끊으면서 새로운 단계로 접어들었다. 단유를 하자 드디어 아이가 통잠을 자기 시작한 것이다. 정확히 13개월 15일 만에 일어난 기적 같은 일이었다. 하룻밤에도 열 번씩 깨던 아이가 한 번도 깨지 않고 아침까지 자다니, 우리는 믿을 수가 없었다. 아니 세상에 어떻게 이런 일이! 왜 진작 단유를 하지 않았는지 정말 후회가 되었다.

통잠의 세계에 접어들었지만 그것과는 별개로 그 후로도 아이를 재우기까지는 여전히 힘이 들었다. 아이는 한 번을 혼자 누워서 자는 법이 없었다. 우리에게는 365일 매일매일이 원더윅스였다. 원더윅스(Wonder weeks)란 아기가 정신적으로 성장하는 시기를 가리키는 말로, 육아의 입장에서는 더 많이 울고 보채면서 부모를 가장 힘들게 하는 때를 말한다. 비슷한 시기의 아이를 키우는 엄마들이 '요새 우리 아이 이앓이하나 봐요, 지금 원더윅스인가 봐요'라고 할 때 나는 공감할 수 없었다. 우리 아이의 이가 언제 나는지조차 알 수 없었다. 그냥 늘 힘들었기 때문이다.

소은이는 청각만 예민한 게 아니었다. 예민한 아이들은 대개 오감이 다 발달했고, 동물과 같은 감각으로 주변 환경에 반응한다. 아이는 방 안의 공기, 온도와 습도, 모든 것에 민감했다. 조금만 더워도 조금만 추워도 안 되었다. 너무 어두워도 너무 밝아서도 안 되었다. 아이를 둘러싼 것 중 어느 것 하나라도 신경에 거슬리면 자지 못했다. 백색 소음마저 소용없는 날은 유아차나 카시트를 태웠다. 젖을 먹이거나, 안거나, 업거나, 그것도 안 되면 유아차나 카시트를 타야 했다. 그렇게 우리 부부는 20개월까지 길에서 아이를 재웠다. 새벽마다 아파트 단지를 유아차로 빙빙 돌고, 비가 오나 눈이 오나 차를 몰고 나가는 말도 안 되는 상황이 매일 벌어졌다. 그렇게 한참을 돌아야 발작하듯 울던 아이가 진정이 되었다. 밖에 나간다고 해도 금세 잠드는 것이 아니라 한 시간에서 두 시간은 돌아야 겨우 잠이 들었다. 이때가 한참 무더웠던 한여름이었는데 온 가족이 모기에 물어뜯기며 깜깜한 밤거리를 걷고 또 걸었던 기억이 난다.

　이 모든 상황은 결국 집을 옮기고서야 끝이 났다. 밤마다 나갈 때까지 악을 쓰며 울던 소은이가 이사를 하고, 자는 환경이 바뀌자 밤에 누워 자기 시작했다. 20개월 만에 일어난 두 번째 기적이었다. 잠자리가 바뀌자 아이는 거짓말처럼 울지 않았다. 나가자고 악을 쓰지도 않았다. 참으로 이상하고 신기한 일이지만 결국 아이가 자는 환경이 문제였음을 증명해주는 결정적인 사건이었다.

　이 글을 읽는 누군가는 아기가 울면 그냥 좀 울려서 재우면 되지, 부모가 일일이 반응을 해주니 잘못된 습관이 든 것이라 생각할 수도 있다. 하지만 우리 부부가 그 방법을 안 써본 것이 아니다. 잠 못 드는 아이 수면 교육법이라는 '안눕법', '퍼버법', '쉬닥법'… 모두 시도해보았지만 다 실패했다. 전문가에게 수면 상담까지 받고, 수면 코칭도 받아보았지만 모두 헛수고였다.

　우리 부부가 힘들어할 때 주변 사람들은 하나같이 이렇게 조언했다. "그냥 눕혀서 재워봐. 애가 울다 지쳐 잠든다니까." 하지만 나는 이것만은 꼭 말하고 싶다. 그게 가능한 아이가 있는가 하면 안 되는 아이도 분명히 존재한다고. 수면교육에 실패하는 것은 부모가 단호하지 못해서도, 부모가 일관성이 없어서도 아니다. 아이의 기질에 따라 애초에 그 방법이 안 통하는 아이가 있는 것이다.

우리도 수면 교육을 한답시고 밤새도록 아이를 울린 적도 있었다. 너무 울어서 목이 쉬고 열이 나서 다음 날 아침 소아과에 달려간 적도 있었다. 시간이 지나고 이런 것들이 부질없다는 걸 알았다. 그리고 육아에는 정답이 없고, 아이를 키워봤다고 해서 그것이 다 같은 경험이 아니라는 것. 아이는 결코 부모 맘대로 되지 않을뿐더러 육아의 현실은 육아 서적에 나오는 이상과는 다르다는 것을 깨달았다. 지금 생각해보면 너무나 어리석은 일이었다. 아이의 기질은 고려하지 않은 채 정해진 시간 간격으로 아이를 울리다 보면 언젠가 아이가 잠이 들 것이라고 믿다니.

물론 수면 교육이 가능한 아이도 있다. 기질적으로 순한 아이, 외부 환경에 대한 민감도가 낮은 아이는 이렇게 부모가 수면 패턴을 잡아주면 원하는 수면 습관을 들일 수 있을 것이다(더 쉬운 아이는 부모의 이러한 노력 없이도 혼자 놀다가 잠든다고 하지만). 그러나 아이의 개별적인 성향이나 기질을 모른 채 육아서에 나온 대로 수면 교육을 시도하면 부모도 아이도 힘들기만 할 뿐이다.

이것이 내가 이 글을 쓰고 있는 가장 큰 이유이다. 당시 나도 내 아이가 예민한 기질의 아이인 줄 몰랐다. 아이는 저마다 타고난 기질이 있고, 예민한 기질의 아이를 키우는 육아법이 따로 있다는 사실을 몰랐다. 불과 몇 년 전까지만 해도 지금처럼 기질 육아가 거론되지 않았다. 내가 좀 더 빨리 기질 육아에 눈떴더라면 아마 육아가 조금은 더 수월하지 않았을까. 적어도 아이를 붙들고 밤새 울리는 일 따윈 하지 않았을 텐데.

그럼 시간을 돌려 그때로 다시 돌아간다면 나는 어떻게 소은이를 키워야 했을까? 어떤 환경 요인이 소은이를 자극했는지는 정확히 알 수 없지만 일단 아이를 재우는 방의 환경을 바꿔보았을 것이다. 어떻게든 아이가 편안히 잘 수 있도록 적합한 환경과 조건을 찾아보는 것이다.

구체적으로는 첫째, 방의 온도와 습도를 조절하고, 환기를 자주 시켜 공기를 서늘하게 해준다. 잠자기 좋은 침실 온도는 20도에서 24도가 적당하다고 한다. 그런데 돌이켜보면 우리 집은 늘 평균 25도를 유지하고 있었고, 열이 많은 소은이에게는 집이 너무 더웠을 것이다. 그래서 시원한 밖으로 나가야 울음을 그쳤던 게 아닐까?

한편 습도는 44~55%로 유지되는 것이 좋은데 여름철에는 60%, 겨울철에는 40% 정도는 유지가 되어야 한다. 습도가 너무 높으면 답답해서 깊은 잠을 자기 힘들고, 습도가 너무 낮으면 호흡기가 건조해질 수 있기 때문이다. 또한 환기가 잘 되는 것도 정말 중요한데 방 안의 공기가 순환이 되지 않으면 산소 함량이 낮아져 숨쉬기가 힘들어질 수 있다. 그러므로 환기를 잘 시켜서 신선한 공기가 유입되도록 해주어야 한다. 어른들 말씀에 '아이는 시원하게 키워야 한다'라는 말이 바로 이런 맥락에서 나온 말이 아닐는지. 다섯 살이 되자 소은이는 잠이 안 오면 일어나서 베란다로 통하는 방문을 열어달라고 요구했다. 그리고 초롱초롱한 눈으로 "엄마, 나는 시원해야 잠이 잘 와" 하고 또박또박 말하는 게 아닌가. 아! 아기 때 네가 이렇게 말해주었다면 얼마나 좋았을까.

둘째, 암막 커튼을 없애고 방의 밝기를 달리해본다. 예민한 아기들은 빛에도 민감하므로 빛을 아예 차단하려고 암막 커튼을 달았는데 이것이 오히려 역효과였다. 소은이가 말을 하기 시작하면서 깜깜한 것을 싫어한다는 사실을 알았다. 일곱 살인 지금도 아이는 깜깜하면 무서워서 잠이 안 온다며 반드시 수유등을 켜고 잔다. 그리고 커튼이 무섭다고 커튼을 걷어달라고 한다. 아이에게는 어두컴컴한 커튼이 무서움을 유발했던 것이다. 아이를 편안하게 하는 밝기가 따로 있었던 셈인데 그때는 그걸 몰랐다. 이외에도 암막 커튼이 좋지 않은 이유는 아침에 들어오는 햇빛을 차단하기 때문이다. 아이가 아침에 자연스럽게 깨기 위해서는 적당한 햇빛이 필요한데, 암막 커튼은 이를 인위적으로 차단함으로써 아이에게 밤과 낮을 구분할 수 있는 기회마저 차단해버린다. 그러므로 시간을 되돌린다면 침실의 커튼은 암막 커튼 대신 아침에 자연광이 들어올 수 있는 일반 커튼을 선택하겠다. 또한 수유등이나 간접 조명을 이용하여 아이가 편안함을 느낄 수 있는 밝기로 맞춰줄 것이다.

셋째, 침구를 바꿔본다. 예민한 아이들은 촉각에도 예민해서 피부에 직접 닿는 침구가 아이를 자극하는 요인이 될 수 있다. 어른도 푹신하고 감촉이 좋은 이불에서 자면 잠이 잘 오듯이 아이에게 편안함을 느끼게 하는 침구가 따로 있을 수 있다. 물론 너무 푹신한 이불은 영아 질식 사고를 일으킬 수 있으니 주의가 필요하지만 말이다. 이것 역시 지금 아이가 좋아하는 이불이 따로 있는데 부들부들하면서도 닿았을 때 서늘한 촉감을 주는 이불이다. 요즘도 아이는 사계절 내내 그 이불만 덮는다. 아마 아기 때 말은 못 했지만 이불이 마음에 안 들어서 그렇게 울었을지도 모르겠다.

이런 노력에도 아이가 계속 운다면 아예 아이가 자는 침실 자체를 다른 방으로 옮겨보는 것도 하나의 방법이 되지 않을까? 방마다 구조와 통기성이 다르므로 부모가 미처 인식하지 못한 문제도 방을 옮기면서 자연스레 해결될지 모르니까.

마지막으로 이런 모든 방법을 써도 아이가 안 잔다면 정말 도리가 없다. 우리 부부처럼 그냥 밖으로 나가거나, 이사를 가는 수밖에!

부모를 위한 핵심 요약 노트!

1) 유독 잠투정이 심한 아이라면 예민한 기질은 아닌지 의심하기

영아기에 잠투정은 흔히 겪는 문제이지만, 잠투정이 유난히 심하다면 예민한 기질의 아이일 수 있습니다. 수면 문제는 아이의 기질과 수면 환경에 크게 영향을 받습니다. 수면 교육보다 아이의 기질을 파악하는 것이 우선입니다.

2) 아이가 잠들지 못하면 수면 환경을 바꾸기

예민한 기질의 아이라면 수면 교육을 할 것이 아니라 침실의 수면 환경을 바꿔주세요. 예민한 아이는 청각뿐 아니라 시각, 촉각, 후각 등 모든 감각에 민감합니다. 빛, 온도, 습도, 침구의 변화를 통해 아이가 편안해하는 환경을 찾아주려는 양육자의 노력이 필요합니다.

3) 영아기 수면의 특징 알아두기

돌 이전까지 영아는 REM 수면, 즉 얕은 잠을 자는 시간이 많기 때문에 자다가 자주 깰 수밖에 없어요. 특히 예민한 기질의 영아는 주변 환경의 영향을 더 많이 받기 때문에 아이가 깨는 이유를 알면 대처하기가 좀 더 수월할 거예요. 결과는 달라지지 않더라도 원인을 알게 되면 엄마의 마음이 한결 편안해집니다.

4) 잠투정이 너무 심할 때는 외출을 시도하기

집 안에서 아이가 너무 심하게 울면 밖으로 데리고 나와 환경을 전환시켜 주는 것도 하나의 방법입니다. 물론 이 방법을 지속할 수 없다면 이것 또한 습관으로 들이면 안 되겠지만 부모가 너무 힘든 경우는 이러한 방법을 시도해볼 수 있습니다.

📌 24~36개월: 분리불안, 심리적인 요인이 큰 시기

이 시기는 아이들의 호기심이 왕성해지고 고집도 점점 세지는 시기이다. 눈은 졸린데 잠자기를 거부하는 아이들이 많다. 체력도 더 좋아져서 밤늦게까지 자지 않고 버티기도 한다.

아이들이 안 자려고 하는 이유는 여러 가지가 있겠지만 부모와 떨어지지 않으려는 '분리불안'의 심리가 이 시기의 특징으로 꼽힌다. 잠이라는 것을 부모와의 이별로 받아들이게 되어 밤이 되면 불안해지는 것이다. 이러한 경우는 밤이 지나면 아침이 오고 다시 엄마, 아빠와 놀 수 있다고 계속 설명해주어야 한다. 36개월 이전에는 내일이 온다는 것을 인지하지 못해서 잠을 자는 것을 두려워하는 경우도 있기 때문이다. 또 자는 동안 엄마가 바로 곁에 있음을 말해주고, 아이가 잠들 때까지 부모가 함께 있는 것이 좋다.

한편 이 시기는 아이의 인생에 여러 새로운 사건들이 많이 생기는 시기이고, 이러한 요인이 수면 장애로 이어질 수 있다. 어린이집을 다니기 시작하면서 첫 기관 생활을 하며 받는 스트레스도 수면에 영향을 줄 수 있다. 또 동생이 생기며 그동안 독점해왔던 부모와의 사랑을 나누게 될 때 아이가 겪는 스트레스도 상당하다고 한다. 오죽하면 남편이 불륜을 저질렀을 때의 심정이라 비유를 할까. 이 밖에도 친구와 잘 놀지 못했거나 바깥 활동을 하면서 오는 불안도 잠들지 못하는 요인이 된다.

또한 이 시기에는 점점 영상물에 노출이 되면서 지금까지 경험한 적 없는 강한 자극 등이 문제가 된다. 낮에 본 자극적인 영상이 떠오르고 여기에 상상력이 더해져 무서움을 느낄 수 있다. 특히 이 시기의 아이들은 깜깜한 밤을 무서워하는데 바깥에서 들려오는 시끄러운 차 소리나 비가 오는 소리, 개 짖는 소리 등에 민감하게 반응한다. 간혹 성장통 때문에 다리가 아파서 깨는 경우도 있는데 성장통은 시간이 지나면 자연스럽게 증상이 호전되는 경우가 많다.

24개월 이전의 영아 수면 문제에는 기질적 요인이 강하다면, 두 돌 이후부터 세 돌 무렵까지는 이렇게 심리적인 요인이 수면 장애를 일으키는 큰 요인이 된다. 물론 24개월은 임의로 나눈 것일 뿐, 아이마다 조금씩 차이가 있다. 그럼 이럴 때는 아이를 어떻게 달래 주면 좋을까? 아이와 함께 누워 품에 안아 재우거나, 머리를 쓰다듬으며 계속 이야기를 나누는 게 좋다. 또 그림책을 읽어주는 방법 등을 이용해 안정된 마음으로 잠들도록 도와야 한다. 아이가 좋아하는 인형이나 담요 등을 활용해서 그 물건을 안고 잠들도록 하는 것도 좋은 방법이다. 조용한 상태와 은은한 조명으로 잠들기 위한 환경을 만들고, 자기 전에는 간단한 수면 의식을 갖는 것이 좋다.

소은이의 경우 20개월까지는 누워서 자지 못했고, 20개월이 되어 이사를 하면서 차츰 누워서 자는 습관을 들일 수 있었다. 자기 전에 따뜻한 물로 씻고, 집에 불을 끄고, 예수님상 앞에서 하루를 정리하며 기도를 한 후 마지막으로 창밖을 내다보며 별님과 인사를 하는 것이 우리의 수면 의식이었다. 이렇게 규칙적으로 같은 일과를 반복하면 뇌에서 옥시토신이나 멜라토닌과 같은 호르몬이 분비되어 아이가 정서적으로 안정이 되고, 잠을 자야 한다는 것을 받아들인다고 한다.

그러나 우리 소은이가 어떤 아이인가. 아무리 일관성을 가지고 수면 의식을 진행해도 소은이는 잠을 자지 않았다. 이렇게 수면 의식을 다 하고 침실로 들어가 함께 누우면 자기 싫다고 발버둥치고, 소리를 지르고 울거나 뛰쳐나오는 날이 대다수였다. 운이 좋아 얌전히 침실에서 그림책을 읽으면 한 시간을 읽다가 잠이 오면 그때부터 다시 짜증을 내고 울기 시작했다. 현실과 이상의 괴리랄까.

설상가상 28개월에 어린이집에서 겪은 일이 기폭제가 되어 한바탕 난리를 겪고 나서 수면 문제가 절정에 달했다. 소아정신과 진료도 보고 한의원에서 약도 지어봤지만 우리를 도와줄 수 있는 사람은 없었다. 특히 29개월 무렵 내가 복직을 하면서 상황이 더 안 좋아졌다. 나는 아침 일찍 출근해야 했고, 저녁 늦게야 소은이를 만났다. 엄마와 낮 동안 떨어져 지낸 아이는 밤에도 계속해서 불안감을 보였다. 손톱 주변의 살을 모두 뜯어 열 손가락에 밴드를 붙여야 했고, 입술도 쥐어뜯어 피가 마르지 않았다. 지금 생각해보면 이런 마음으로 편안히 잠드는 것 자체가 불가했던 것 같다.

물론 워킹맘을 둔 모든 아이가 이렇지는 않겠지만 우리 집의 경우 어린이집 사건과 나의 복직이 맞물려 더욱 사태를 악화시켰다. 이 악순환의 고리를 끊은 것은 아이러니하게도 나의 암 진단이었다. 아이가 38개월 때 유방암을 진단받고, 휴직을 하면서 아이 곁에 있게 되자 아이는 차츰 정서적으로 안정을 찾았다. 이 시기 아이의 심리적인 요인이 얼마나 중요한지 알려주는 대목이다.

물론 우리 집과 같은 특정 사건을 겪지 않는 것이 가장 좋겠지만 이 시기의 아이들은 첫 사회생활을 시작하면서, 또 동생이 생기면서, 그 외 여러 가지 스트레스에 노출되어 수면 장애가 올 수 있다. 그리고 앞에서 말한 것처럼 자극적인 영상물에 노출되면 그것이 수면을 방해할 수도 있다. 그러므로 양육자는 수면 의식이나 수면 규칙과 같은 눈에 보이는 것에만 집중할 것이 아니라 아이의 마음을 편안히 해주고, 정서를 안정시켜주는 것을 가장 우선으로 생각하면 좋겠다. 특히 이 시기 아이들은 자기 전에 자꾸 먹을 것을 달라고 하거나 물을 마시고 싶다며 밖으로 나오는 경우가 많은데 이때 규칙을 지키는 게 중요하다는 생각에 아이와 실랑이를 벌이곤 한다. 그러다 보면 부모도 아이도 잠이 다 깨버릴 뿐 아니라, 감정이 격해져 한참 동안 잠을 이룰 수 없게 된다. 따라서 침실로 가기 전에 물을 먹기로 규칙을 정하거나 때로는 우유나 주스 대신 보리차를 주는 등 융통성과 유연함을 발휘하는 자세도 필요하다.

또한 맞벌이 부부는 아무래도 아이와 함께하는 시간이 적다 보니, 아이가 말로 표현하지 않아도 부모에게 서운한 마음을 느낄 수 있다. 사실 아이는 부모와 함께하는 시간보다 함께하는 순간의 밀도가 더 중요하다고 하지 않는가. 부모 다리로 미끄럼 태우기, 간지럼 태우기, 목마 태우기 등 스킨십을 나누는 놀이를 하면서 아이와 교감을 해보자. 퇴근하고 돌아온 부모도 힘들겠지만 짧은 시간의 강렬한 놀이가 생각보다 큰 힘을 발휘할 수 있다.

부모를 위한 핵심 요약 노트!

1) 아이의 정서를 안정시키기

두 돌 이전의 영아 수면이 기질적 요인이 강하다면, 두 돌 이후부터 세 돌 무렵까지는 심리적인 요인이 수면 장애를 일으키는 큰 요인이 됩니다. 특히 이 시기는 아이가 첫 기관 생활을 시작하거나 동생을 만나게 되면서 정서에 큰 변화를 겪을 수 있으니 아이의 정서를 안정시키는 데 힘을 기울여주세요.

2) 잠자기 전, 자극적인 영상은 금물

낮 시간에도 자극적인 영상은 자제해야겠지만 특히 잠자기 직전에는 스마트폰을 보여주거나 TV 시청을 하는 것은 금물. 유아용 만화라 할지라도 아이에게 강한 기억으로 남아 수면을 방해할 수 있으니 자기 전에는 영상을 보여주지 말고, 조용한 자장가를 틀어 수면 유도를 도와주세요.

3) 수면 의식이나 수면 규칙에 집착하지 말기

수면 의식을 일관성 있게 해도, 수면 규칙을 세우고 엄격히 지키려 해도 좌절되는 경우가 많습니다. 거기에 집착하면 '왜 우리 아이는 안 되는 것일까' 하고 엄마가 더 힘들어지는 것 같아요.

4) 함께 하는 시간의 양보다 함께 하는 순간의 밀도를 높이기

아이는 부모와 함께하는 시간보다 함께하는 순간의 밀도가 더 중요하다고 하죠. 부모 다리로 미끄럼 태우기, 간지럼 태우기, 목마 태우기 등 스킨십을 나누는 놀이를 하면서 잠들기 전 아이와 교감하는 시간을 가져보세요.

🎀 36개월~초등학교 입학 전: 에너지를 다 써야 자는 시기

이 시기의 아이들이 잠을 자지 않으려고 하는 경우는 그날 아이가 보낸 하루가 아쉽거나 스스로 충분히 놀지 못했다고 생각했을 확률이 크다. 쉽게 말하면 에너지가 남아 있기 때문에 자고 싶지 않은 것이다. 물론 두부 자르듯이 어떠한 이유로 아이가 잠 못 드는지 구분하기란 쉽지 않다. 그러나 소은이의 경우 어릴 때는 특정 이유로 '못' 잤을 가능성이 크고, 더 커서는 일부러 '안' 자고 있을 가능성이 크다. 아이가 스스로 안 자는 경우는 대개 더 놀고 싶은 마음이 크기 때문이다.

처음에는 억지로 잠을 재우려고도 했었다. 흔히 사람들이 말하는 방법. 집 안 전체의 불을 꺼버리고, 잠잘 분위기를 만들고, 부모가 먼저 자는 척도 해보고 안 해본 방법이 없다. 그러나 그런 것들이 소은이에게는 소용없었다. 아이는 자신의 에너지를 기어이 다 소진해야만 잠이 들었다. 억지로 불을 끄고 문을 닫으면 역효과가 일어났다. "안 잘 거야!" 하고 소리를 지르고 문을 박차고 뛰어나갔다. 집 안방에서 복도 끝 방까지 어두운 집을 울면서 뛰어다니거나, 어떤 날은 혼자 자기 방(놀이방)에 가서 놀잇감을 찾아 놀고 있기도 했다.

그때 나는 생각했다. 사람들이 말하는, 육아 서적에서 말하는, 매일 일정한 시간에 규칙적으로 수면 의식을 하고 리듬을 유지하면 아이가 마법처럼 잔다는 그것이 애당초 가능한 일이긴 한 것일까. 나도 남들처럼 할 수 있는 방법은 다 해보았지만 우리 아이에게는 통하지 않는데, 과연 이 방법을 아이의 개별적인 특성에 상관없이 모두 적용하는 게 맞는 이야기일까?

하루 정도 남들과 공동육아를 하다 보면 같은 시간에 같은 활동을 한 다른 아이와 내 아이가 얼마나 다른지 체감할 수 있다. 체력과 에너지, 정신력, 집중력 등이 아이마다 다르기 때문이다. 온종일 같이 논 다른 아이들이 쓰러질 듯 잠이 들어도 소은이는 아무렇지 않은 경우가 많았다. 심지어 몸은 피곤해도 정신으로 버티며 모든 활동을 마칠 때까지 오롯이 깨어 있는 그녀. 신생아 시절부터 7세인 지금까지, 살면서 단 한 번도 놀다가 스르르 잠이 든 적이 없는 아이와 피곤하면 식탁에 앉아서 밥을 먹다가도 졸고 있다는 아이가 과연 같을 수 있을까?

아이가 33개월쯤 되었을 때, 상담 센터를 다니며 이 문제를 상담한 적이 있다. 아이가 자지 않기 위해 버티는 것이 부모도 아이도 너무 힘든데 어떻게 하면 좋을지에 대한 이야기였다. 그때 상담 선생님이 내게 이런 말을 했다.

"아이에게 충분한 수면 시간을 보장하는 것은 부모가 해주어야 할 기본적인 역할이에요. 아이를 일찍 재워야 올바른 생활 습관이 잡히고, 규칙적인 리듬이 생기죠. 부모가 단호하게 그 역할을 해주어야지, 아이가 안 자고 싶어 한다고 아이의 뜻을 다 받아주면 아이를 방치하는 것과 다름없죠."

나는 이 말에 꽤 큰 충격을 받았다. 물론 동의하는 사람도 있을 것이다. 그러나 아이가 늦게까지 안 자고 있는 것이 정말 부모의 탓일까? 그때 상담 선생님은 심지어 그런 부모는 아이를 '학대'하는 것이라 표현했고, 그 말은 내게 큰 상처가 되었다. 어쩌면 그토록 자기 싫어서 울부짖는 아이를 억지로 재우는 것이야말로 학대 아닌가? 갖은 노력에도 타고난 아이의 성향과 기질로 에너지가 넘쳐 잠을 자지 못하는 것을 부모가 무슨 수로 재울 수 있단 말인가? 마치 부모가 아이에게 휘둘려서, 아이의 생활 습관을 잘 들여야 하는데 그러지 못해서 아이를 잘못 키우고 있다는 논리는 나를 더 슬프게 만들었다. 심리 상담을 하는 상담 선생님마저도 이렇게 일반론적인 이야기만 하는데 하물며 평범한 아이만 키워본 일반인의 시선은 어떨까.

예민한 아이를 키우다 보면 이런 일을 종종 겪는다. 잠에 있어서만이 아니라 아이의 성향으로 인해 발생하는 모든 문제를 부모의 탓으로 돌리는 경우를 쉽게 만나게 된다. 예민한 아이를 키우는 부모가 상처 받는 순간이다. 때로는 이 모든 문제가 자신의 탓인 것만 같아 부모들은 죄책감을 느끼기도 한다. 예전엔 나도 그랬다.

그러나 이런 경우 아이가 늦게까지 안 자는 것은 부모의 잘못이 아니다. 우리 아이의 에너지가 남들보다 많고, 잠이 다른 아이보다 믿기지 않을 정도로 적을 뿐이었다. 나는 어느 순간 모든 아이를 재우는 방법이 같지 않음을 받아들였다. 그리고 아이가 잠을 자지 않는다고 해서 더 이상 스트레스를 받지 않기로 했다. 그날 이후 아이를 일찍 재우겠다는 마음을 비웠다. 어떻게 해도 자지 않는 아이를 억지로 재우려고 애쓰는 동안 부모도 힘들고, 아이도 힘들었다.

대신 아이가 실컷 놀았다는 생각이 들 만큼 놀아주었다. 소은이는 저녁 9시에 재우기 시작하나, 11시에 재우기 시작하나 똑같이 기본 12시가 넘어야 잠을 잤다. 몇 시에 들어가도 취침 시간은 12시를 넘겼다. 저녁 9시에 재우러 들어가면 세 시간을 아이와 실랑이해야 했다. 그러나 아이와 두 시간을 알차게 보내고 저녁 11시에 재우기 시작하면 한 시간 만에(소은이를 재우는 데는 기본이 한 시간 소요된다) 잠이 들었다. 어떤 방식을 택하든 아이가 자는 시간은 똑같지만 그렇게 하니 그나마 나았다. 그렇게 아이가 만족할 때까지 놀고 나면 비로소 아이는 누워서 책을 읽고, 도란도란 이야기 나누는 것을 허락해주었다. 당시 나도 직장을 다니고 있었기 때문에 하루 종일 아이와 함께하는 날이 많지 않았다. 어쩌면 아이는 그것이 불만이었을지 모른다. 아이에게는 부모와 진하게 소통하는 시간이 필요했고, 그 시간이 채워지지 않으면 절대 잠을 자려 하지 않았다.

쉽게 말해 부모와 함께 충분히 교감하고 놀 만큼 놀아야 그날 하루가 끝났다.

문제는 부모였다. 아이의 체력과 에너지를 부모는 따라갈 수가 없었다. 맞벌이 부모가 집에 와 저녁을 먹고, 아이를 씻기고 나면 아이가 잠을 자야 부모에게도 휴식 시간이 생기는 것인데 우리 집의 육아 퇴근 시간은 늘 자정을 넘기다 보니, 우리 부부는 늘 수면 부족에 시달렸다. 아이의 욕구를 채워주다 보면 상대적으로 부모의 삶의 질은 한없이 떨어졌다. 또래 아이를 키우는 친구들이 아이를 밤 9시에 재우고, 남편과 야식을 시켜 먹고 영화를 보는 시간들, 엄마들 사이에서 말하는 '육퇴(육아 퇴근)'라는 단어가 그렇게 부러웠다. 나에게 사실상 육퇴란 없었기 때문에.

그렇게 잠과의 전쟁은 아이가 유치원에 입학하기 전까지 계속되었다. 우리 부부의 희망은 아이가 5세가 되어 유치원에 입학하는 것뿐이었다. 일단 유치원에 가면 어린이집과 달리 낮잠 시간이 없어지고, 활동량은 어린이집보다 더 늘어나기 때문이다. 우리는 진지하게 아이를 유아스포츠단에 입단시킬까도 고민했다. 그런데 어디에서 유아스포츠단에 가면 체력이 더 좋아져서, 더 잠을 자지 않을 수 있다는 말을 들었다. 일찍 재우려고 스포츠단에 보냈는데 아이의 수면 문제가 나아지지 않는다면 그때 우리의 상실감은 상상을 초월할 것 같았다. 결국 입학금을 포기하고 우리 부부의 기준에서 더 많은 것을 충족하는 다른 유치원에 아이를 입학시켰다.

아이가 유치원에 간 지 3주가 지나고, 우리 부부에게도 봄날이 찾아왔다. 드디어 아이의 잠 시간이 당겨진 것이다. 기대했던 것처럼 유치원은 활동량이 아주 많았고, 그동안 어떤 일에도 좀처럼 피곤함을 못 느끼던 아이가 유치원에 다녀오면 피곤한 기색을 보였다. 에너지 발산이 잘 되고 있다는 증거였다. 물론 그렇다고 소은이가 집에 오는 길에 쓰러져 잔다거나, 눕자마자 5분 만에 자는 마법은 일어나지 않았다. 다섯 살이 되고 나서 여전히 재우는 데 한 시간은 걸렸지만 최종 취침 시간이 두 시간 정도 당겨졌다. 9시에 들어가 10시에 자는 정도. 물론 11시까지 버티는 날도 있지만 확연히 빈도가 낮아졌다. 정말로 기뻤다. 드디어 우리 부부에게도 육퇴 후 휴식 시간이 생기는 것인가!

여기까지 읽으면 감이 올 것이다. 잠자는 것을 거부하는 아이, 일부러 잠을 안 자는 아이에게 가장 좋은 해결법은 바로 낮 시간에 충분히 에너지를 발산하도록 하는 것이다. 에너지가 많은 아이들은 몸을 활발하게 움직이고, 바깥에서 뛰어놀고, 에너지를 밖으로 분출시켜야 한다. 조심할 것은 예민한 아이일수록 지나치게 흥분하거나 몸을 많이 쓸 경우 오히려 더 각성이 되어서 잠을 자지 못할 수도 있다는 것이다. 그러므로 양육자는 아이를 잘 관찰하다가 적정한 시기에 분위기를 정적으로 전환시켜야 한다. 다시 말하면 신나게 놀다가 제풀에 지쳐 자는 아이도 있지만, 소은이와 같은 성향의 아이들은 적정한 타이밍에 잠을 자도록 꼭 유도를 해주어야 한다는 뜻이다.

이런 아이를 키우는 부모들은 그럼 아이가 다섯 살이 되어 유치원에 갈 때까지 기다리고 인내해야 하는 것일까? 꼭 그렇지는 않다. 다섯 살 이전의 연령대여도 낮 시간에 최대한 활동을 많이 하고 가능하면 낮잠을 재우지 않는다든가, 아침 일찍 깨우는 방법 등을 고려해볼 수 있다. 신체를 많이 움직여서 육체를 피로하게 만드는 것이 가장 좋은 방법이지만 여건이 안 될 경우 두뇌 활동을 활발하게 하는 것도 방법 중 하나이다. 예를 들어 집에서 아이가 집중할 수 있는 블록 놀이나 퍼즐 맞추기, 가베나 은물을 활용한 놀이를 한다든지 클레이로 뭔가를 만드는 것도 좋은 방법이 될 것이다. 두뇌 활동이 활발하거나 필요한 신체 활동 수준을 높게 타고난 아이들은 그에 맞는 자극이 필요하고, 그 자극을 처리하는 데 에너지를 다 써야만 결국 잠을 잘 수 있기 때문이다.

물론 상황에 따라 아이가 잠을 거부하는 다른 이유가 있을 수 있다. 그러나 만약 당신의 아이가 유독 잠자기를 힘들어한다면 유난히 에너지가 많고 자극을 추구하는 성향이거나, 예민한 아이일 확률이 높다. 아이의 타고난 기질이 그러하다면 육아서에서 흔히 말하는 수면 교육은 통하지 않을뿐더러 잠과의 전쟁으로 엄마도, 아이도 힘든 시간을 보내야 할 것이다. 만일 아이가 소은이와 같은 성향이라면 억지로 재우려고 힘 빼지 않았으면 한다. 나는 이걸 몰라서 아이가 어릴 때는 남들처럼 수면 교육을 한답시고 아이를 잡았고, 아이가 좀 더 컸을 때는 수면 장애를 의심하고 한의원에 가서 한약을 짓기도 했다. 아이의 기질과 성향에 대해 좀 더 빨리 알았더라면 그렇게까지 힘든 시간을 겪지 않았을 것이다.

부모를 위한 핵심 요약 노트!

1) 낮 시간 동안 에너지를 모두 발산하게 해주기

아이는 자신이 가진 에너지를 모두 소진해야 잠을 잘 수 있어요. 낮 시간 동안 신체 활동을 많이 하고, 활발한 두뇌 자극을 통해 아이가 육체적으로, 정신적으로 피로감을 느낄 수 있게 해주세요.

2) 아이가 안 자려고 하면 억지로 재우려고 하지 말기

영재교육으로 유명한 '푸름아빠'는 아이가 원하면 밤새도록 책을 읽어주었다고 해요. 아이를 제시간에 재워야 한다고 생각했다면 이렇게 하지 못 하셨겠죠? 아이가 안 자려고 하면 억지로 재우지 마시고, 아이가 어느 정도 만족할 수 있도록 아이와 충분한 놀이 시간을 가져주세요.

3) 아이가 예민하면 수면 교육은 하지 않기

아이가 예민하면 수면 교육은 실패할 확률이 아주 높아요. 수면 교육을 하다가 엄마가 더 힘들어질 수 있어요. 엄마의 정신 건강을 위해서 추천하지 않습니다. 이른 나이에 아이를 따로 재우는 '수면 독립'도 아이가 더 클 때까지 조금 기다려주세요.

4) 수면 문제를 부모의 탓으로 돌리지 말기

예민한 아이를 키우며 가장 힘든 점은 단연 수면 문제입니다. 부모가 일관된 환경을 제공하고, 노력해도 아이가 안 잔다면 그건 결코 부모의 잘못이 아니에요. 자신을 탓하지 마세요.

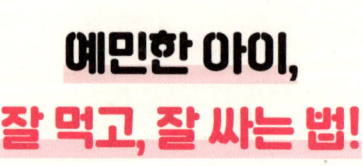

📌 모유 vs 분유, 예민한 아이에게 맞는 수유법은?

소은이가 태어나고 100일이 되자, 우리에겐 100일의 기적이 아니라 100일의 악몽이 시작되었다. 아기가 분유를 거부하기 시작한 것이다. 아이는 젖병만 갖다 대면 울면서 젖병을 밀쳐냈다. 나는 젖양이 많은 사람이 아니었기에 정말 당황스러웠다. 모유는 생각처럼 잘 나오지 않는 데다 그마저도 오른쪽 가슴만 나오고 있는 상황. 아기에게는 모유나 분유가 생명줄인데 모유는 부족하고 분유는 먹지 않고……. 그야말로 어찌해야 할 바를 몰랐다. 배가 고파 더 예민해진 아기는 앙칼지게 울어대고 밤낮으로 잠도 푹 자지 못했다. 나오지 않는 빈 젖을 쭉쭉 빨아대는 아이를 보며 어떻게든 젖 양을 늘리려고 애를 썼다. 모유 수유에 좋은 음식을 찾아 먹고, 모유를 촉진하는 차도 종류별로 사다 먹었다. 그러나 모유는 좀처럼 늘지 않았다.

주변에서는 독하게 마음을 먹고 모유를 끊으라고 했다. 모유를 아예 끊으면 배고픈 아기는 결국 분유를 먹을 수밖에 없고, 분유에 적응하면 포만감을 느껴 잠도 푹 잘 수 있다고 했다. 이때 나도 모유를 끊고 분유를 먹는 아이로 키웠다면 육아가 좀 더 쉬웠을까.

모두가 모유를 끊으라고 했지만 단 한 사람, 모유 수유 예찬론자였던 친언니는 모유를 계속 먹일 것을 조언했다. 그리고 우리 집에 와서 왼쪽 가슴을 빨지 못하는 아이를 훈련시켜가며 모유 수유를 이어나가게 도와주었다. 조카를 오랫동안 모유 수유했던 언니는 모유가 아이와의 애착 형성에 크게 기여하고, 모유를 먹은 아이가 분유를 먹고 자란 아이보다 튼튼하다고 믿었다. 물론 그 말은 이론적으로 맞는 말이었지만, 현실적으로 모유를 먹이며 내가 치러야 할 대가는 너무 컸다.

일단 모유의 양이 많지 않았기에 소은이는 늘 충분히 먹지 못했고, 그러다 보니 잠을 깊게 자지 못했다. 그 시기 흔히 말하는 수유 텀을 제대로 유지하기 어려웠다. 그야말로 시도 때도 없이 모유를 먹여야 했고, 어떤 날은 정말 온종일 모유 수유만 하다 하루가 끝난 것 같은 기분이 들었다. 수유 텀, 낮잠 텀, 모든 것이 엉망진창인 총체적 난국이었다. 그런데 일찍부터 모유를 끊고 분유를 먹이는 조리원 동기들의 아이들은 소은이와 너무 달랐다. 분유를 먹는 아이들은 수유 텀도 규칙적이었고, 그 덕분인지 낮잠도 잘 잤다. 배가 부른 아이는 유아차에서도 잘 놀고, 잘 자고, 때론 그 자리에 없는 것처럼 느껴질 만큼 순한 아이도 있었다.

그와 달리 소은이는 엄마 껍딱지에 고성능 등 센서를 달고 있어서 잠시 유아차에 앉혀놓는 것조차 허용하지 않았다. 아기띠가 없으면 외출이 불가능했고, 늘 나와 붙어 있으려 했다. 내려놓으려고 하면 잠시도 참지 못하고 자지러지게 울었다. 오죽하면 화장실에 가서도 아기띠를 하고 아이를 안은 채로 볼일을 봐야 했다.

한 번은 백화점에서 조리원 동기들과 아이들을 데리고 식사를 하는 자리가 있었다. 모두 유아차에 아이를 잠깐 두고 식사를 했지만 나는 아이를 안고 밥은커녕 잠시 앉아 있을 수도 없었다. 아이는 계속 보채고 울면서 아기띠를 하고 서 있는 것도 성에 차지 않아 끊임없이 걸을 것을 요구했다. 백화점을 하염없이 돌면서 '이게 대체 뭐 하는 걸까. 왜 유독 우리 아이만 이렇게 까탈스러운 걸까' 자괴감에 빠졌다. 결국 몇십 바퀴를 돌고 식당으로 돌아와 다 불어 터진

파스타와 식어버린 피자 한 조각을 입에 욱여넣었던 기억이 아직도 머릿속에 생생하다.

그 당시에는 아이가 왜 그렇게 우는 건지도 몰랐고, 아이가 유난히 예민한 기질인지도 몰랐다. 나중에서야 분유를 먹는 아이들보다 모유 먹는 아이들이 엄마 껌딱지가 될 확률이 높다는 사실을 알았다. 나는 아이와 이런 애착을 바란 것이 아닌데, 과도하게 형성된 애착은 시종일관 나를 힘들게 했다.

흔히 모유 수유는 엄마가 아기에게 줄 수 있는 최고의 선물이라고들 말한다. 그러나 모유 수유로 인해 육아가 몇 배는 더 힘들었던 것도 사실이다. 단유 후 소은이는 거짓말처럼 잘 자기 시작했고 마침내 아침까지 통잠을 자는 기적을 보여주었다. 밤새 평균 10번씩은 깨던 아이가 깨지 않고 자다니! 우리 부부에게 있어 육아는 단유 전과 단유 후로 나누어진다고 해도 과언이 아니었다.

그럼 나는 왜 13개월이 넘는 기간 동안 모유를 끊지 못했던 걸까? 언니의 영향도 있지만 사실 나에게도 모유 수유에 대한 환상과 로망이 있었는지 모른다. 모유 수유가 좋은 것은 사실이지만 꼭 모유를 먹여야지 좋은 엄마가 되는 것은 아닌데. 임신 기간 동안 엄마들은 알게 모르게 아이를 위해 모유 수유할 것을 권유 받고 '아이를 낳으면 꼭 모유 수유를 해야지'라고 다짐하게 된다. 나도 그중의 하나였다. 그런데 출산 직후 갑자기 혈압이 올라 혈압약을 복용하게 되면서 초유를 마음껏 먹이지 못하게 되었다. 초유를 못 먹여 미안한 마음 때문이었을까. 그 후 모유 수유에 더 집착하게 되었고, 아이가 분유를 거부하면서 반 강제적으로 13개월 완모(분유 없이 모유만 먹이는 것) 엄마가 되었다.

물론 모유 수유가 엄마와 아이가 교감할 수 있는 최고의 시간이고, 엄마로서 누릴 수 있는 특별한 경험이라는 것은 부정할 수 없는 사실이다. 아이가 내 품에 안겨 모유를 먹는 모습을 보면 그 순간만큼은 육아로 힘들었던 몸과 마음이 다 치유되는 듯했으니까. 아이가 젖을 먹다 쌔근쌔근 잠든 모습을 보면 그 모습이 그렇게 사랑스러울 수 없었다. 실제로 단유를 했을 때, 상실감과 애틋함이 이루 말할 수 없을 정도로 컸었다. 힘들게 단유에 성공하고 3일 후 저녁. 나와 남편은 마주 보고 저녁을 먹다가 갑자기 눈물을 흘리기 시작했다. 누가 먼저라고 할 것도 없었다. 남편도 나도, 같은 마음이었던 것이다. 다시는 젖 먹는 예쁜 천사의 얼굴을 볼 수 없다니……. 이제 살면서 다시 못 올 그 순간이 얼마나 그리울까. 단유는 아이가 세상에 태어나 처음 겪게 되는 소중한 것과의 이별이라고 생각했는데, 부모에게도 이루 말할 수 없는 허전함을 주었다. 아이가 한 단계 성장해나가는 것은 그만큼 부모에게서 한 발 더 떨어진다는 걸 의미하는 것 같아 대견하면서도 자꾸만 눈물이 났다.

그러나 이렇게 모유 수유가 주는 감동과는 별개로, 누군가 내게 모유 수유를 추천하는지 묻는다면 나는 선뜻 그렇다고 대답하기 어려울 것 같다. 정확히 말하면 모유 수유에 그렇게 집착할 필요는 없다고 생각한다. 모유 수유의 좋은 점이야 셀 수 없이 많고, 굳이 여기서 언급하지 않아도 모유가 아이에게 좋은 것은 다 알 것이다. 그러나 나처럼 모유의 양이 많지 않은 경우, 모유 수유가 육아를 힘들게 한다는 판단이 든다면 마냥 모유 수유가 좋은 것이라 말할 수 있을까?

물론 모유를 먹이면서도 소은이와 같은 문제를 겪지 않은 아이들도 많을 것이다. 모유를 먹는다고 해서 전부 '엄마 껌딱지'가 되고 통잠을 못 자는 것은 아닐 테니까. 그러나 분명한 것은 나처럼 직수(젖을 유축하지 않고 직접 아이에게 물려 수유하는 것)의 양이 적을 경우, 그런데도 아이가 젖병을 거부하여 직수밖에 하지 못하는 경우 아이가 통잠을 자지 못할 가능성이 매우 큰 것은 사실이다. 그럼에도 불구하고 모유 수유로 얻은 장점이 더 크다고 생각이 들면 모유 수유를 해도 괜찮다. 그러나 지금 이 순간에도 단유를 할까 말까 고민하는 분들이 이 글을 읽는다면, 모유 수유 말고도 엄마가 아이를 위해 해줄 수 있는 것은 많다고 감히 말하고 싶다.

부모를 위한 핵심 요약 노트!

1) 모유를 먹는 아이가 통잠을 자지 못한다면?

유축해서 먹이지 않고 직접 아이에게 젖을 물려 먹이면 사실 아이가 젖을 얼마나 먹는지 그 양을 가늠하기가 어려워요. 보통은 수유 시간을 15~30분으로 양쪽 젖을 교대로 수유하라고 하지만 모유의 양이 부족할 경우 아이가 배불리 먹지 못할 수가 있어요. 그러면 배가 고파서 자다가도 계속 잠을 깨게 되고 통잠을 자기 어렵게 됩니다. 모유를 먹는 아이가 통잠을 자지 못하면 혹시 모유의 양이 부족한 것은 아닌지 의심해보세요.

2) 모유 수유가 힘들다면 포기해도 괜찮아요

모유 수유를 한다고 해서 더 좋은 엄마도 아니고, 분유를 먹인다고 해서 덜 좋은 엄마도 아니에요. 모두 자신의 아이를 세상에서 가장 사랑하는 최고의 엄마인데, 모유 수유 하나만으로 좋은 엄마인지 아닌지 가늠할 수는 없으니까요. 그러니 엄마들이 좀 더 모유 수유에서 자유로워졌으면 좋겠어요.

예민한 아이를 위한 모유 수유와 단유 방법

유두 혼동이란 말을 들어보았는가? 유두 혼동이란 쉽게 말해서 엄마 젖을 빨던 아기가 젖병을 사용하면 엄마 젖 빨기를 거부하는 것을 말한다. 엄마 젖을 빠는 것보다 젖병을 빠는 것이 더 쉽기 때문이다. 반대로 엄마 젖에 익숙해져서 나중에 젖병의 젖꼭지를 빨지 않으려는 경우에도 유두 혼동이라는 말을 사용한다. 처음부터 모유를 먹이든 분유를 먹이든 한 가지만 먹인다면 상관없지만 혼합 수유를 할 경우 유두 혼동이 오면 수유 시간이 힘들어진다. 특히 예민한 아이일수록 젖병과 엄마 젖을 귀신같이 구분한다. 그러므로 모유와 분유를 혼합해서 먹일 경우 모유도 젖병으로 먹이는 것을 추천한다. 모유를 젖병으로 먹인다는 것은 모유를 유축기를 이용하여 유축을 해서 젖병을 이용한다는 의미이다. 이런 경우 유두 혼동을 막을 수 있으며, 아이는 모유든 분유든 젖병으로 먹게 되므로 수유가 좀 더 수월해진다.

반대로 아이가 젖병을 거부해서 직수(직접 젖을 물리는 것)만 할 경우 나중에 모유 수유를 끊을 때도 힘이 들게 된다. 특히 일정 시기가 되면 이유식을 시작해야 하는데 엄마 젖에 익숙해진 아이는 이유식을 거부하고 모유만 먹으려고 하는 경향이 있다. 이때 모유 수유를 끊는 방법으로는 곰돌이 단유법을 추천한다.

곰돌이 단유법은 배고픈 곰돌이에게 엄마 젖을 주어서 이제 더 이상 젖이 안 나온다고 아이에게 설명을 해주고 모유를 끊어나가는 스토리텔링 단유법이다. 아이가 돌 전후라면 '젖 집착'이 생겨 단유가 더 힘들어지는데 돌 무렵이면 어느 정도 부모의 말을 이해할 수 있기 때문에 이런 단유법이 효과가 있다. 낯선 것을 두려워하고, 변화를 싫어하는 예민한 아이라면 하루 아침에 단유를 하는 것보다 이렇게 아이에게 미리 예고하고, 준비 기간을 주는 것이 중요하다.

곰돌이 단유법의 구체적인 방법은 다음과 같다. 먼저, A4용지에 귀여운 곰돌이 얼굴을 그리고 곰돌이 밑에는 일곱 개의 네모 칸을 그린다. 그리고 일주일 동안 "이제 배고픈 곰돌이에게 엄마 쭈쭈를 줄 거야. 소은이는 이제 우유를 먹을 수 있으니 배고픈 곰돌이에게 엄마 쭈쭈 주자!"라고 말하며 네모 칸에 엑스 표를 해나간다.

나는 집에 있는 곰돌이 인형을 이 이야기의 주인공으로 정하고 아이에게 매일 같은 방식으로 설명을 해주었다. 솔직히 하면서도, '이게 과연 될까? 효과가 있을까?' 반신반의했다. 그런데 놀랍게도 일주일이 지나자 아이는 더이상 젖을 찾지 않았다. 언제 모유를 먹었냐는 듯 분유를 먹는 아이를 보며 우리 부부는 적잖게 당혹스러웠다. 물론 아이에 따라서, 상황에 따라서 다르겠지만 밑져야 본전이니 단유를 하고자 한다면 곰돌이 단유법을 시도해보시기를!

부모를 위한 핵심 요약 노트!

1) 모유를 먹이더라도 유축해서 젖병으로 먹이기

유두 혼동이란 엄마 젖을 빨던 아기가 젖병을 사용하면 엄마 젖 빨기를 거부하는 것을 말하는데요. 엄마 젖을 빠는 것보다 젖병을 빠는 것이 더 쉽기 때문이에요. 반대로 엄마 젖에 익숙해져서 나중에 젖병의 젖꼭지를 빨지 않으려는 경우에도 유두 혼동이라는 말을 사용하는데요. 처음부터 '나는 모유만 먹일 거야'라는 분은 상관없겠지만 모유와 분유를 혼합해서 먹이실 거라면 모유도 젖병으로 먹이는 것을 추천합니다.

2) 단유할 때는 과감하게, '곰돌이 단유법'을 추천해요

아이가 돌 전후라면 '젖 집착'이 생길 수 있어 단유가 더 힘들어요. 이럴 땐 '곰돌이 단유법'을 추천합니다. 곰돌이 단유법은 배고픈 곰돌이에게 엄마 쭈쭈를 주어서 이제 더 이상 쭈쭈가 안 나온다고 아이에게 설명을 해주고 모유를 끊어나가는 스토리텔링 단유법이에요. 낯선 것을 두려워하고, 변화를 싫어하는 예민한 아이에게는 이처럼 미리 예고하고, 마음의 준비를 할 수 있는 기간을 주는 것이 중요합니다.

📌 하늘의 별 따기만큼 어려운 밤중 수유 끊기

밤중 수유(이하 밤수)란 말 그대로 밤에 자면서 수유를 하는 것을 말한다. 신생아들은 배가 작아서 몇 시간만 지나도 배고파 견딜 수가 없기에 밤낮을 가리지 않고 배고파하면 먹여야 한다. 그러나 아기가 3~4개월쯤 되면 밤낮을 구분할 수 있고 이때쯤 되면 소위 수유 텀이 길어지면서 밤중에 먹이지 않아도 버틸 수 있다. 그래서 분유 수유아는 만 4개월 무렵, 모유 수유아는 만 6개월이면 밤수 끊기가 가능해진다. 분유 수유아가 좀 더 빨리 밤수 끊기가 가능한 것은 분유가 모유에 비해 소화가 더디기 때문이다. 쉽게 말해 모유를 먹는 아이들은 배가 금세 꺼지지만 분유 수유아는 배불리 먹고 자면 비교적 잠을 길게 자고, 통잠도 가능해지는 것이다. 그래서 상대적으로 분유를 먹는 아기들이 모유를 먹는 아기들보다 통잠 시기가 빨리 온다.

그런데 이 시기에 밤수를 끊지 않으면 아기들의 식사 시간이 밤으로 고정되면서 그야말로 엄마의 고생길이 시작된다. 밤에 먹는 것이 습관이 된 아이는 자다 깨서 배가 고파 울고, 아이가 보채고 우는 것이 힘든 엄마는 다시 아이를 재우기 위해 수유를 하는 악순환이 벌어진다.

나는 이 악순환을 직접 경험한 사람으로서 밤수야말로 무슨 일이 있어도 반드시 정해진 시기에 끊을 것을 권하고 싶다. 아이가 하룻밤에도 10번씩 깨는 경험을 하고 싶지 않다면 말이다. 소은이는 13개월이 넘도록 모유 수유를 했고, 밤수도 모유 수유를 끊을 때 비로소 끊을 수 있었다. 즉 단유를 시도할 때 밤수도 함께 끊었는데 놀랍게도 밤수를 끊자마자 기적처럼 통잠을 잤다. 소은이의 통잠을 방해했던 가장 큰 요인은 밤수였다.

문제는 밤수는 '양날의 검' 같아서 잠투정이 심한 아이를 키울수록 그것을 끊기가 정말 쉽지 않다는 것이다. 아이가 잠투정을 부릴 때 가장 손쉽고 빠르게 아이를 달랠 수 있는 방법이 젖을 물리는 것이기 때문이다. 어디서든 엄마만 있으면 해결되는 최상의 무기. 그래서 젖을 물려 아이를 재우는 방법은 사실 뿌리치기 힘든 달콤한 유혹이다. 특히 안거나 업어야지만 자는 아이가 바닥에 누워서 잘 수 있는 유일한 방법이 젖을 물리는 것이기에 육체적으로 너무 힘들 때는 누워서 젖을 먹이며 아이를 재웠다.

이렇게 누워서 수유를 하는 것을 엄마들은 일명 '눕수'라고 부르는데, 누군가 눕수를 고민한다면 이 또한 하지 말라고 말리고 싶다. 누워서 수유하다 보면, 처음에는 엄마도 아이도 그 자세가 편해서 그대로 잠들게 된다. 문제는 이렇게 잠이 들면 그대로 끝인 게 아니라 젖이 빠질 때마다 아이가 깨서 운다는 데 있다. 물론 이것도 기질에 따라 다를 수 있다. 그러나 이전 글에서 말했듯이 영아기의 아이들은 주로 얕은 잠을 자기 때문에 젖을 물며 잠이 든 아이는 젖꼭지가 빠지면 반사적으로 젖꼭지를 찾으며 깰 수 있다.

소은이는 자다가 물고 있던 젖꼭지가 빠지면 화들짝 놀라 경기를 일으키듯 울었다. 마치 공갈 젖꼭지를 물고 자는 아이가 공갈 젖꼭지가 빠지면 우는 것처럼 말이다. 빠진 공갈 젖꼭지야 찾아서 입에 다시 물려주면 된다지만, 내가 밤새 공갈 젖꼭지가 되는 것은 정말 끔찍한 일이었다. 아이가 깊은 잠에 빠질 때까지 옆으로 누운 자세로 꼼짝없이 가슴을 내어주어야만 했다. 공갈 젖꼭지를 물면 좋으련만, 아이는 귀신같이 엄마 젖꼭지와 공갈 젖꼭지를 구분했다. 그렇게 1년 넘게 인간 공갈 젖꼭지 생활을 하다 보니 척추가 틀어지는 척추측만증이 왔다.

사실 젖을 먹으면서 자는 습관은 엄마뿐 아니라 아이에게도 좋지 않다. 치아 건강에도 좋지 않고 방광이 차기 때문에 깊은 수면을 방해한다. 결국 젖을 물리고 자는 습관은 엄마에게도, 아이에게도 다 좋지 않지만 많은 엄마가 아이를 울리지 않고 자연스럽게 재우기 위해 잘 때 젖을 물린다. 이것이 딜레마이다. 이 고리를 끊는 것이 정말 중요하다. 아이가 통잠을 자는 것은 엄마의 삶의 질에도 중요하지만 아이의 성장 발달에도 중요한 영향을 끼치기 때문이다. 잠을 푹 자야 잘 크고 뇌도 잘 발달한다는 것을 모르는 사람은 없다. 수면이 부족한 아이는 피로해서 더 예민해지고, 더 잠을 못 이

룬다. 결국 악순환이 반복된다.

밤수를 끊어야 하는 또 하나의 이유는 밤수와 이유식의 공존이 어렵기 때문이다. 생후 4~6개월이 되면 이유식을 시작하는데 밤중 수유를 계속하면 수유로 배를 채우면서 이유식 양이 늘지 않는다. 이유식을 먹으면서 이유식 3번, 수유 4번의 리듬이 정착되는데 밤중 수유를 하게 되면 이러한 리듬을 지키기 어렵고 결국 이유식을 먹는 데 차질이 생길 수 있다.

그렇다면 밤수는 어떻게 하면 쉽게 끊을 수 있을까? 첫째, 낮 시간에 활발하게 몸을 움직여 아이가 곯아떨어지게 해야 한다. 얕은 잠이 많은 시기더라도 아이가 피곤하면 곯아떨어질지도 모르기 때문이다. 영아기의 아이는 낮에도 무조건 자야 한다는 생각 때문에 낮에 아이를 억지로 재우기도 하는데 굳이 그렇게 할 필요는 없다. 낮잠은 최소한 줄이고, 밤잠을 늘려가는 것을 좋다.

둘째, 자기 전 마지막 수유인 막수가 중요하다. 엄마들은 자기 전 마지막 수유를 일명 막수라고 하는데 막수를 충분히 배불리 먹어야 아이가 밤에 배가 고파서 깨는 일이 덜하다. 따라서 마지막 수유 시간을 규칙적으로 지키고, 양도 배불리 먹을 수 있도록 해야 한다.

셋째, 졸리고 피곤한 엄마를 유혹하는 눕수는 제발 하지 말자. 당장의 편안함을 위해 눕수를 선택한다면, 정말 오래 후회하게 될지도 모른다. 아이가 젖을 물다가 그대로 잠들면 먹고 자는 것에 대한 연결고리가 생겨서 눕수 자체가 수면 의식처럼 되어버린다. 그러면 밤수 끊기는 점점 더 힘들어진다. 밤잠뿐 아니라 낮잠을 잘 때도 젖을 물려 재우는 것은 삼가야 한다.

넷째, 한 번 밤수를 끊기로 결심하면 포기하지 말아야 한다. 밤수를 끊기로 결심했다면 아이가 아무리 울어도 밤에 수유를 하시면 안 된다. 2~3주 동안 적응 기간이 필요할 수 있으니 엄마의 인내가 필요하다. 중간에 포기하면 다시 끊기는 더 어려워지기 때문이다. 나는 밤수 끊기가 너무 어려워 아예 모유를 끊어버린 경우이다. 이제 더 이상 젖이 나오지 않아야 아이도, 엄마도 단념할 것 같았기 때문이다.

정리하면 영아 시기에 밤중 수유는 아이 수면의 질과 밀접한 연관이 있으며, 밤수를 끊는 것이 아이가 통잠을 자는 지름길이다. 밤수 끊기는 시간이 지나면 지날수록 더 어려워진다. 아이를 위해서도, 엄마를 위해서도 밤수는 제 시기에 꼭 끊길 바란다.

부모를 위한 핵심 요약 노트!

1) 밤중수유를 끊는 시기

분유 수유아는 만 4개월 무렵, 모유 수유아는 만 6개월이면 밤수 끊기가 가능해져요. 분유 수유아가 좀 더 빨리 밤수 끊기가 가능한 것은 분유가 모유에 비해 소화가 더디기 때문에 포만감이 오래 가기 때문입니다.

2) 밤중수유를 끊어야 하는 이유

밤수를 하면 엄마도 아이도 수면의 질이 떨어지며, 수유로 배를 채우면서 이유식 양이 늘지 않아요. 또 아이의 치아 건강에도 좋지 않고 누워서 수유를 하게 되면 엄마의 자세에도 좋지 않은 영향을 줍니다.

3) 밤수를 끊는 방법

밤수를 잘 끊는 방법으로는 낮 시간에 활발하게 몸을 움직이게 하여 피곤해 곯아떨어지게 만들기, 자기 전 마지막 수유인 막수 때 충분히 배불리 먹이기, 밤수만 끊기가 어렵다면 아예 단유하기, 한번 시작하면 중간에 포기하지 않기 등이 있습니다.

📍 잘 안 먹는 예민한 아이, 이유가 있다!

　미각과 후각은 먹는 음식과 관련이 깊어서 미각과 후각이 예민한 아이들은 편식을 하거나 특정 음식을 거부 또는 집착하여 힘든 부분이 있을 수 있다. 어떤 아이는 입안이 예민해서 특정 음식의 질감과 농도를 참지 못하기도 하는데 이렇게 입안의 촉각 과민성을 보이는 걸 감각 통합에서는 구강 촉각 방어라 부른다. 구강 방어가 있는 아이들은 일반 아동보다 식사 도구, 식사 환경에 민감하고 음식의 질감이나 맛, 냄새 등에 민감하여 새로운 음식을 먹는 걸 힘들어한다. 구강 방어가 있는 아이의 경우 젖병을 빨지 않으려 하고, 특정 음식의 질감을 거부하고, 입 주변이나 입안에 음식이 놓이는 것을 피하려 한다. 또 구역, 구토, 음식 물고 있기, 음식 뱉기, 그릇을 던지는 등의 문제 행동을 보이기도 한다. 이런 경우 섭식 발달 과정인 이유식과 고형식으로의 이행이 어려워진다.

　아이가 밥을 잘 먹지 않으면 미각과 후각이 예민한 것일 수도 있고, 입안의 촉각이 과민해서 구강 방어가 있는 것일 수도 있다. 사실 말도 잘 하지 못하는 어린아이가 식사를 거부할 때 원인을 정확히 찾아내는 것은 쉽지 않다. 그래서 대부분의 엄마는 우리 아이가 밥을 왜 이렇게 먹지 않을까, 왜 이렇게 편식을 할까 힘들어하고 괴로워할 뿐이다.

소은이는 갓난아이 때부터 젖병을 빨지 않으려 했고, 고기 씹는 것을 좋아하지 않았다. 그래서 고기를 주면 다 뱉어버렸고, 그 때문인지 몸무게가 좀처럼 늘지 않았다. 태어날 때는 체중이 많이 나가서 제왕절개로 태어났는데도 나중에는 또래보다 체중이 적게 나가는 아이가 되어버렸다. 일곱 살인 지금은 고기를 좀 먹지만 지금도 고기보다는 채소를 좋아하는 아이이다. 고기를 먹지 않는 것보다 더 힘들었던 건 음식이 섞이는 것을 싫어해서 모든 음식을 따로 주어야 한다는 것이었다. 예를 들면 밥 위에 반찬을 올려주는 것을 싫어하고, 비빔밥처럼 재료가 섞인 것도 싫어했다. 나중에서야 이런 것들이 모두 예민한 아이의 특징이라는 걸 알았다.

그럼 이런 문제 상황에서는 어떻게 대처를 해야 할까? 결론부터 얘기하면 아이가 거부하는 음식을 억지로 먹이지 말고, 아이가 음식을 잘 탐색할 수 있도록 섞지 말고 따로 주는 것이 좋다. 미각이 예민한 아이들은 다양한 음식의 형태와 질감을 불편하게 느낄 수 있는데 음식을 섞어버리면 먹을 수 있는 다른 음식까지 같이 먹지 못하게 된다. 또 음식의 정체를 알 수 없기 때문에 아이가 먹지 않으려 할 수 있다. 감각이 예민한 아이들은 낯선 음식을 꺼리고 먹었던 음식만 먹으려고 하는 경향이 있기 때문이다. 따라서 처음 먹는 음식을 접할 때는 아이가 입에 음식을 넣기 전에 자신이 선택한 도구나 손으로 음식을 탐색하게 하는 것도 도움이 될 것이다. 가장 좋은 방법은 아이와 함께 음식 재료를 가지고 놀아주는 것이다. 이런 방법은 아이에게도 도움이 되지만 부모에게도 도움이 된다. 아이의 마음이 편해지면서 엄마의 정서도 편안해지기 때문이다. 물론 부엌이 어질러지거나 부모가 신체적으로 피곤할 수는 있지만, 아이와 음식 재료를 가지고 놀다 보면 아이가 호기심을 갖고 음식과 친숙해지면서 엄마가 해준 요리를 잘 먹게 될 수 있다.

마지막으로 식탁에 물휴지와 빈 그릇을 둘 것을 추천한다. 물휴지는 필요할 때마다 손과 얼굴을 닦는 용도이고, 그릇은 아이가 삼키지 못하는 음식을 뱉는 용도이다. 이렇게 식탁에 물휴지와 빈 그릇을 두는 것은 엄마의 마음에도 평화를 준다. 아이가 음식을 뱉을 수 있음을 미리 수용하고, 받아들이는 마음을 갖게 되는 것이기 때문이다. 이런 준비 없이 아이가 음식을 아무 곳에나 뱉고, 흘리는 것을 보면 엄마도 화가 나기 마련. 그러니 처음부터 식탁에 빈 그릇을 두고, 마음을 비웠으면 좋겠다.

부모를 위한 핵심 요약 노트!

1) 편식이 심한 아이는 구강 방어가 아닌지 살펴주세요.
편식이 심한 아이를 대할 때 부모가 화를 내기보다는 아이가 감각적으로 문제가 있는 것은 아닌지, 구강 방어는 아닌지 살펴주세요. 아이들이 부모를 화나게 하려고, 반항하려고 일부러 '안' 먹는 게 아니라 감각이 민감하여 음식을 '못' 먹는 것일 수 있어요.

2) 미각이 예민한 아이는 음식을 섞지 말고 따로 주세요
미각이 예민한 아이들은 다양한 음식의 형태와 질감을 불편해할 수 있어요. 아이가 거부하는 음식을 억지로 먹이지 마시고, 아이가 음식을 잘 탐색할 수 있도록 섞지 말고 따로 주시는 것이 좋아요.

3) 아이와 함께 음식 재료를 가지고 놀아주세요
아이가 입에 음식을 넣기 전에 자신이 선택한 도구나 손으로 음식을 탐색하거나 놀게 해주세요. 아이가 호기심을 갖고 음식과 친숙해지면서 엄마가 해준 요리를 잘 먹게 될 수 있어요!

4) 식탁에 물휴지와 빈 그릇을 두세요

물휴지는 필요할 때마다 손과 얼굴을 닦는 용도이고, 그릇은 아이가 삼키지 못하는 음식을 뱉는 용도입니다. 이렇게 식탁에 물휴지와 빈 그릇을 두는 것은 엄마의 마음에도 평화를 줘요. 아이가 음식을 뱉을 수 있음을 미리 수용하고, 받아들이는 마음을 갖게 되는 것이니까요.

📌 예민한 아이, 기저귀 떼기 프로젝트

예민한 아이의 배변 훈련은 어떻게 해야 할까? 배변 훈련을 하는 시기가 딱 정해져 있는 것은 아니지만 빠른 경우 18개월이 되면 기저귀를 뗄 수 있고, 보통은 두 돌 무렵이면 배변 훈련이 가능하다고 알려져 있다. 18개월에 아이는 자신의 배설 욕구를 인지하고, 24개월쯤에는 소변이 마렵다는 의사 표시를 할 수 있기 때문이다. 아이의 발달 속도와 성향에 따라 조금씩 다르지만 보통의 아이는 만 3세 이전에 대소변을 변기에 할 수 있게 된다. 36개월 이후에도 기저귀를 떼지 못하면 아이의 발달상 문제가 있거나 심리적인 문제가 있을 수 있으니 전문가와 상의하라는 글을 종종 보게 된다.

소은이는 34개월 무렵에 배변 훈련을 시작했다. 배변 훈련을 하는 시기는 아이마다 다 다르지만 보통은 어린이집에서 변기에 소변을 보기 시작하면서 집에서도 동시에 배변 훈련을 시작한다. 워낙 예민한 아이이다 보니 굳이 이런 것으로 스트레스를 주고 싶지 않았고, 본인도 기저귀를 빨리 떼고 싶어 하지 않아서 조급하게 생각하지 않았다. 주변에서 두 돌부터 기저귀를 떼는 친구들이 나타나기 시작했지만 '언젠가 뗄 때가 되면 떼겠지' 하고 느긋하게 생각했다. 아이가 마음의 준비가 안 되었는데 배변 훈련을 시작하면 오히려 역효과가 난다는 말도 들었기 때문에 세 돌 전에만 시도해보자는 생각이었다.

　다행히 배변 훈련은 생각보다 수월하게 진행되었다. 훈련을 시작한 지 3주 만에 낮기저귀를 떼고 두 달 뒤에는 밤기저귀까지 완전히 떼는 것에 성공했다. 밤에 이불에 쉬를 하는 경우도 손에 꼽을 정도로 적었다. 이렇게 보면 여느 아이들과 비슷하게 배변 훈련에 성공한 것처럼 보이지만 문제는 대변이었다. 기저귀를 떼는 순서는 개인차가 있을 수 있으나 보통 소변, 대변, 밤 소변의 순서로 기저귀를 뗀다. 밤 소변을 가린다는 것은 대뇌 하부신경계 발달에 큰 문제가 없다는 것이며 소은이는 발달상으로는 아무 문제가 없는, 대변을 가릴 수 있는 아이였다.

　그러나 아이는 오랫동안 변기에 대변을 하지 못했다. 기저귀는 이미 뗀 상태였기 때문에 팬티를 입은 상태로 대변을 하는 일이 반복되었다. 나는 대변이 묻은 팬티를 손으로 빨면서 '몇 번 이러다 말겠지. 자기도 축축하게 똥이 묻은 팬티를 입는 것이 싫을 거야' 하고 대수롭지 않게 생각했다. 그때는 대변을 변기에 보는 일이 이렇게까지 오랜 시간이 걸릴 것이라고는 아무도 생각하지 못했다.

　한 달이 지나고, 두 달이 지나도 아이는 대변이 마려울 때마다 자기만의 구석진 자리로 가서 서서 대변을 보았다. 팬티가 젖든 말든, 바지가 젖든 말든 아랑곳하지 않았다. 처음에는 대변을 변기에 보게 하기 위해 젖은 상태를 그대로 두고 일부러 불쾌감을 느끼도록 하였다. 그러나 아이는 이상하게도 옷이 젖는 것을 신경 쓰지 않았고, 부모의 마음만 타들어갔다. 팬티와 바지 사이로 흘러내린 소변으로 바닥이 엉망진창이 되자 이내 바닥에 수건을 깔고 대변을 보기 시작했다. 변기에 앉히려고 하면 죽을힘을 다해 울면서 매달렸다. 제발 수건을 깔아달라고 엉엉 울면서. 식은땀을 뻘뻘 흘리고 비명을 지르며 고통스러워하는 아이를 보면 차마 억지로 변기에 앉힐 수가 없었다.

설상가상 아이는 변비에 걸린 날이 많았다. 서서는 힘을 주기가 힘든데 변기에는 절대로 하지 않겠다고 버티며, 두 시간 동안 쉬한 바지를 입고 어정쩡한 자세로 서 있기 일쑤였다. 대변을 한다고 오지도 못하게 하고 가까이 다가가면 소리를 지르고 혼자 울었다. 지금 생각해도 끔찍하게 힘들었던 나날이 계속되었다.

도대체 무엇이 문제란 말인가. 변기에 앉아서 대변을 하게 하기 위해 별의별 수단을 다 동원해보았다. 소은이가 좋아하는 캐릭터 모양의 아기 변기를 여러 개 구입하고, 아기 변기 커버도 재질별로 구입하여 설치해보았지만 소용이 없었다. 페티 변기, 자동차 변기, 호비 변기……. 집에 변기가 넘쳐 났다. 아이는 변기에 앉아 놀기도 하고, 변기를 예쁘게 꾸미기도 하고, 변기를 좋아했다. 간혹 아이가 변기를 무서워하는 경우, 변기에서 물이 내려가는 것이 무서워서일 수도 있다는데 그런 가설도 성립하지 않았다. 그 가설이 성립하려면 쉬도 변기에 하지 말아야 하는데 소변은 아무렇지 않게 변기에 잘했기 때문이다.

그럼 변기가 문제가 아니라 대변을 앉아서 보는 것을 어려워하는 게 아닐까 생각이 들었다. 변기에 앉아서 대변을 봤을 때 특히 아팠다거나 부정적인 경험이 있는 것은 아니지만 막연히 앉는 자세를 두려워하는 것일지도 몰랐다. 따라서 변기에 앉는 것을 즐겁고 편안하게 여기도록 많은 방법을 시도했다. 변기에 앉아서 대변하는 책도 보여주고, 쉬를 변기에 했을 때 폭풍 칭찬도 하고, 선물도 주었지만 아무 효과가 없었다. 변기에 앉아서 대변을 하면 보상을 주는 방법을 써보려 해도 변기에 앉는 것 자체를 심하게 거부하니 방법이 없었다. 소은이는 대변이 마려우면 필사적으로 서서 대변을 하려 했다. 마침내 우리 부부는 변기에서 대변을 보게 하는 것을 포기하고, 대변이 마렵다고 하면 다시 기저귀를 입히기 시작했다. 그리고 그렇게 시간이 흘러 1년이 넘는 세월이 흘렀다. 아이는 어느덧 다섯 살이 되었고 유치원 입학을 앞두게 되었다.

신기한 건 그 사이 특별한 상황에서 변기에 몇 번 대변을 한 적이 있었지만, 그런 성공의 경험이 있음에도 불구하고 아이의 대변 습관은 개선되지 않았다는 점이다. 외출을 했는데 배가 아파 식당에서 급히 대변을 보았거나, 변비가 심해 도저히 서서 대변이 나오지 않았을 때 관장약을 넣고 변기에서 대변을 한 적이 있었다. 그럼에도 불구하고 아이는 대변을 할 때마다 기저귀를 찾았고 기저귀를 주지 않으면 대변을 참는 악순환이 반복되었다. 결국은 우리가 알 수 없는 심리적인 어떤 이유로 아이는 서서 대변을 해야 편안함을 느낀다는 결론에 도달했다. 그러나 그렇다고 이대로 평생 서서 대변을 할 수는 없는 노릇 아닌가. 나는 이대로는 안 되겠다는 생각에 배수의 진을 치기로 했다.

유치원 입학을 5일 남겨둔 어느 날, 아이와 함께 이웃집을 방문할 일이 생겼다. 마침 그 집에 어린 동생이 태어났다는 소식에 집에 있는 장난감이나 책을 정리하면서 이제 소은이는 언니가 되었으니 동생에게 선물로 주자고 권유했다. 소은이는 신나서 자신의 물건들을 정리했고 나는 그 틈에 집에 있는 기저귀를 모두 챙겼다. 그리고 소은이 손으로 기저귀를 아기에게 전달하는 전달식을 치렀다. 그렇게 집에 있는 기저귀를 모두 없애고 돌아온 날, 소은이는 여느 때와 같이 대변이 마렵자 기저귀를 찾기 시작했다. 나는 안타깝지만 동생에게 기저귀를 모두 주어서 더 이상 우리 집에 기저귀가 없음을 설명했다. 아이는 울며불며 그럼 팬티에다 대변을 하겠다고 고집을 부렸다. 아이에게 변기에서 해보자며 온갖 용기와 희망을 불어넣었다. 또다시 변비로 대변이 나오기 힘든 상황이어서 마사지도 하고 변비약도 먹고, 정말 갖은 노력 끝에 결국 변기에 앉아서 대변을 보게 되었다. 그 순간 진심으로 기뻤다. 눈물과 콧물로 뒤범벅이 된 소은이를 끌어안고 환호성을 질렀다. 소은이는 대변을 변기에 성공한 기념으로 갖고 싶은 선물도 받았다. 그리고 나서 이틀 뒤 대변이 마렵자 그녀는 다시 기저귀를 찾았고, 나는 이후로도 몇 번을 더 같은 일을 반복했다. 그야말로 인내심과의 싸움이었다. 중요한 것은 그 과정에서 아이에게 절대 화를 내면 안 된다는 것이었다.

결국 소은이는 변기에 대변을 누는 것에 적응했다. 하지만 그 후로도 한동안 변기에 앉는 것을 불안해하고, 변기에 앉으면 대변이 잘 나올까 걱정했다. 그러나 일단 더 이상 대변할 때 기저귀를 찾지 않는다는 사실에 큰 의의를 두었다. 언젠가는 편안하게 변기에 대변을 눌 날이 오겠지(물론 일곱 살인 지금은 변기에서 아무렇지 않게 대변을 눈다). 가장 중요한 것은 아이가 변비에 걸리지 않도록, 배변하는 일이 힘들고 괴로운 일이 되지 않도록 엄마가 적극적으로 도와주어야 한다는 것이다.

그렇다면 예민한 아이에게 유독 배변 훈련이 어려운 이유는 무엇일까? 대변을 변기에 하기까지 이렇게 오랜 시간이 걸린 원인이 대체 뭐였을까? 아이의 배변 훈련에 관한 내용을 찾다 2020년 오은영 박사님의 〈금쪽같은 내 새끼〉에서 '대변을 참는 아이' 편이 방영되었다는 사실을 알게 되었다. 거기 나온 금쪽이의 모습은 소은이와 닮아 있었다. 울고불고 비명을 지르고 땀에 젖은 금쪽이의 모습에서 소은이가 보이는 것 같았다.

오은영 박사님의 진단에 따르면 이런 아이는 단계 변화에 저항이 있는 아이라고 한다. 유아가 기저귀를 차던 단계에서 벗은 단계로 갈 때의 낯설어진 환경에 저항하는 것인데 기저귀가 없어짐으로 생긴 헐렁함이 불편했던 것이다. 즉 촉각이 예민한 아이라는 것! 이런 성향의 아이는 자신의 안전이 확보되지 않으면 신뢰를 하지 않는 경향이 크다고 한다. 방송에서 예를 든 미용실에서 머리를 자르는 것, 킥보드를 타는 것 등이 모두 소은이에게도 해당되는 이야기였다. 자신이 안전하다고 느껴야 비로소 잘하는 아이. 이런 아이에게는 주변에서 아무리 괜찮다고 해도 소용이 없다. 자신이 느끼기에 안전해야 한다고 한다.

문득 어릴 때 소은이를 미용실에 한번 데리고 갔다가 아이가 기절 수준으로 울어 젖힌 경험이 떠올랐다. 가위를 들이대자 어찌나 경악을 하며 우는지 미용실이 있는 쇼핑몰이 떠나갈 지경이었다. 결국 아이를 데리고 나와 쇼핑몰을 한 시간 넘게 돌면서 아이를 안고 달랬다. 그래도 아이는 울음을 그치지 못했다. 그냥 우는 수준이 아니라 죽기 살기로 울었던 그때의 일이 뇌리에 박혀 그 후로는 미용실 근처도 가지 않았다.

문제는 머리를 자르는 것이야 안 해도 그만인 선택의 문제이지만 대변은 그렇지 않다는 점이다. 소은이가 변기에 앉지 못한 것은 결국 변기에 앉는 행위가 안전하다는 확신을 받지 못했기 때문이다. 이제야 뭔가 퍼즐이 맞춰지는 느낌이었다. 게다가 팬티나 기저귀 없이 대변을 할 때의 헐렁함과 허전함이 아이에게 불안을 유발했다니, 이건 전혀 생각지도 못했던 일이다. 설상가상으로 하필 변기에 앉았을 때 대변을 눈 경험들이 모두 고통스러웠기 때문에 아이는 변기에 앉는 걸 더 두려워하게 되었던 것이다. 변비에 걸렸을 때 변기에서 대변을 성공한 경험이 아이에게는 오히려 독이 된 셈이었다. 어른의 입장에서는 '서서는 안 나오던 대변이 앉아서는 나왔네! 이것 봐. 앉으니까 잘 나오지?' 하는 마음이었는데 아이의 입장에서는 '서서 하면 안 아픈데 앉아서 하니까 똥꼬가 아프잖아. 이것 봐. 역시 앉아서 하면 안 되겠어'라고 다음에는 절대 변기에 앉지 않겠다는 다짐을 하게 되는 것이랄까.

　변기에 앉는 것이 뭐가 그리 무서울까? 어른의 시선으로는 이해하기 어렵다. 그러나 아이의 시선으로 바라보니 비로소 아이의 마음이 보인다. 촉각이 예민한 아이는 무언가 닿았을 때 예민할 수도 있지만 반대로 늘 있던 것이 사라져도 민감하게 반응할 수 있다는 걸 생각하지 못했다. 이러한 아이의 특징을 미리 파악하고 있었더라면 아이를 이해하기가 한결 수월했을 텐데.

　한참 소은이의 배변 문제로 힘들 때 소아과에서 이 문제를 상담한 적이 있었다. 의사 선생님의 조언은 아이가 할 수 있을 때까지 기다려주라는 게 전부였다. 하지만 아이가 발달적으로 할 수 있음에도 불구하고, 심리적인 어려움으로 못하고 있는 지금의 상황에서 마냥 기다리라는 것은 별 도움이 되지 않는다. 어른이 아이를 기다려주는 것도 중요하지만 아이가 시도할 수 있도록 적극적인 개입이 필요한 경우도 분명히 있다고 생각한다. 너무 이른 시기에 배변 훈련을 시도했는데 문제가 생긴 경우 아이를 믿고 기다려주는 것이 맞다. 하지만 금쪽이와 소은이의 경우는 그런 경우가 아니기 때문에 아이가 그 두려움을 깨고 나올 수 있도록 양육자가 옆에서 함께 노력해야 한다. 마지막으로 오은영 박사님의 금쪽 처방을 소개하고 이 장을 마무리한다.

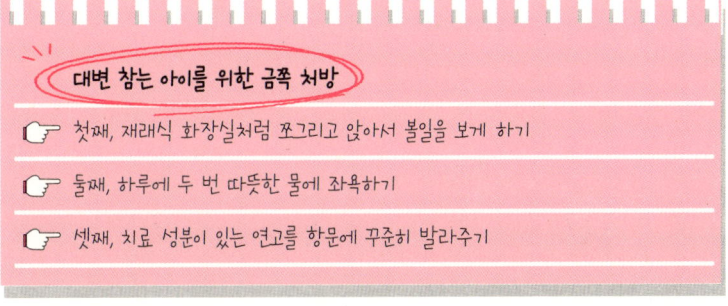

이 내용을 보면 결국 아이가 대변을 참는 이유는 변비로 인해 대변보는 일이 힘들기 때문이다. 그러므로 대변과 관련하여 문제가 있는 아이라면 일단 대변보는 일이 힘들지 않게 변비를 예방하는 것이 최선의 방안임을 알 수 있다. 이외에 아이마다 변기가 무섭다거나, 기저귀를 더 편안하게 여기는 등 여러 이유가 있겠지만 중요한 것은 아이를 기다려준다는 명목으로 내버려두기보다 적극적인 도움이 필요함을 부모가 알아차리는 것이다.

혹시 이 글을 읽고, 비슷한 상황에서 고민을 하는 분이 계시다면 아이와 대화를 통해 데드라인을 정해볼 것을 추천한다. 유치원에 입학하는 것은 아이의 인생에도 한 획을 긋는 중요한 사건이므로 이런 기회를 활용해보는 것도 좋다. 아이에게도 유치원 입학은 큰 의미가 있기 때문에 더 이상 아기가 아니라서 기저귀는 차지 않는다고 알아듣게 설득하고, 약속한 날짜가 되면 기저귀를 눈에 보이지 않게 치워버리자. 물론 성공할 수도 있고, 실패할 수도 있다. 그러나 혹시 실패하더라도 엄마가 너무 스트레스 받거나 다른 아이와 자신의 아이를 비교하지는 않았으면 좋겠다. 배변 훈련이 특정 시기에 거쳐야 하는 과업 중 하나인 것은 맞지만 그것이 아이와의 관계를 해치는 원인이 되면 아이의 정서 발달에도 좋지 않은 영향을 줄 수 있기 때문이다. 스트레스가 엄마에게도 안 좋은 것은 너무 당연한 이야기지만, 엄마가 스트레스를 받으면 그 마음이 아이에게 전달되어 아이에게 불안감과 수치심을 줄 수 있다. 그러니 아이가 준비가 될 때까지 느긋하게 기다리면서, 배변 훈련을 도와주는 것이 부모의 역할임을 기억하자.

부모를 위한 핵심 요약 노트!

1) 아이가 변비에 걸리지 않도록 신경 쓰기

식습관 개선, 물을 많이 먹는 습관 들이기 등으로 소아 변비를 예방해주세요. 변비에 걸려 대변보는 것이 고통스러우면 아이의 배변 훈련이 더 힘들어집니다.

2) 일정 시기가 지나면 기저귀를 단호하게 없애기

아이와 약속을 하고 약속된 날짜가 되면 기저귀를 눈에 보이지 않게 치워주세요. 단유를 할 때 독하게 모유를 끊는 것처럼, 배변 훈련에도 그런 단호함이 필요한 것 같아요.

3) 배변 훈련이 안 된다고 스트레스 받지 말기

배변 훈련이 엄마의 마음처럼 안 된다고 해서 스트레스를 받지 마세요. 그 마음이 아이에게도 전달되어 아이에게 불안감과 수치심을 줄 수 있어요. 스트레스가 엄마에게도 안 좋은 건 너무 당연한 이야기고요.

4) 다른 아이와 내 아이를 비교하지 마세요

주변을 둘러보면 너무 쉽게 기저귀를 떼는 아이도 있어요. 엄마가 큰 노력을 하지 않아도 스스로 알아서 대소변을 가리고, 심지어 어른 변기에서도 아무렇지 않게 용변을 보는 아이들이 있지요. 그러나 계속 그런 아이들과 내 아이를 비교하면 엄마만 불행해집니다.

예민한 아이, 일상생활을 잘하는 법!

📌 **일관적이고 명확한 태도로 일상의 안정감 주기**

예민한 아이가 일상생활을 잘 하려면 어떻게 해야할까? 가장 중요한 것은 부모가 일관적이고 명확한 태도로 일상의 안정감을 주는 것이다.

예민한 아이를 난초 아이라 명명했던 토머스 보이스 박사는 난초 아이들의 삶을 혼란스럽게 하는 것으로 새로운 것을 민감하게 반응하는 감수성을 꼽았다. 이는 소심함이나 용기가 부족해서가 아니라 새로운 것에 대해 심하게 두려워하는 '네오포비아[9]'라는 현상에서 기인한 것이다. 난초 성향의 아이들은 대개 이러한 두려움을 갖고 있다고 한다. 그리고 이에 대한 해결책은 익숙함과 정해진 생활 습관으로 일상의 안정감을 주는 것이다. 이를테면 매일 같은 시간에 스케줄을 맞추어 규칙적으로 일과를 진행하고, 정해진 습관에 따라 움직이는 것이 아이에게는 큰 안정감을 준다.

《예민한 아이 잘 키우는 법》의 저자 최치현 교수는 예민한 아이들은 자신이 만들어놓은 규칙에서 벗어나거나 낯선 환경에 적응하는 것을 어려워하므로 늘 미리 준비하고 연습할 것을 제안했다. 예민한 아이에게 준비 과정은 필수이므로 새로운 환경에 부딪히기 전에 미리 부모와 연습을 하고, 앞으로의 일정을 알려주는 것이 변화에 대한 아이의 저항감을 줄일 수 있다고 조언한다. 또한 부모의 명확한 태도가 아이의 불안을 멈춘다고 보았다. 감각이 예민한 아이는 작은 소리도 크게 들리고 주변 환경이 조금만 변해도 신경이 쓰이니 산만해지기 쉬운데, 이때 부모가 아이에게 명확하고 구체적으로 지시를 해야 한다고 한다. 과제와 목표를 구체적으로 정해주고, 지금 이 순간 가장 중요하다고 생각하는 한 가지만 명확하게 전달할 것. 이것이 핵심이다.

---

[9] 제롬 케이건은 예기치 못했거나 예전에 접한 적이 없는 것을 심하게 두려워하는 현상에 '네오포비아'라는 이름을 붙였다.

지금부터는 일상에서 만날 수 있는 다양한 사례를 통해 예민한 아이가 일상생활을 잘 할 수 있는 방법을 살펴보고자 한다. 청각, 촉각, 시각, 미각, 후각 등 특정 감각에 예민한 아이들에게 내 사례가 많은 도움이 되었으면 좋겠다.

부모를 위한 핵심 요약 노트!

1) 하루 일과를 미리 말해주고, 준비할 수 있게 해주세요

예민한 아이에게 준비 과정은 필수이므로 새로운 환경에 부딪히기 전에 미리 부모와 연습을 하고, 앞으로의 일정을 알려주는 것이 좋습니다.

2) 지시를 할 때는 명확하고 구체적으로 하기

부모가 아이에게 지시를 할 때는 명확하고 구체적으로 지시를 해야 해요. 과제와 목표를 구체적으로 정해주고, 지금 이 순간 가장 중요하다고 생각하는 한 가지만 명확하게 전달할 것이죠.

🌟 외출이 힘들어요! - 청각이 예민한 경우

28개월 무렵, 어린이집 사건을 겪은 후 아이에게 온 가장 큰 변화는 외부에서 들려오는 소리에 지나치게 민감하게 반응하게 된 것이었다. 아이는 조금만 큰 소리가 들려도 공포심을 느끼고 두려움에 떨었다.

지나가는 오토바이 소리, 차에 시동을 거는 소리, 엘리베이터 소리, 아파트에서 나오는 관리사무소 방송 소리, TV 광고 음악, 헤어드라이기 소리……. 이렇게 일상에서 흔히 들을 수 있는 모든 소리에 반응했다. 길을 걷다 아주 멀리서 오토바이 소리만 들려도 눈을 감고 귀를 막았다. 바들바들 두려움에 떨며 "무서워, 무서워"를 반복하며 소리를 질렀고, 나는 그럴 때마다 괜찮다고 다독이며 아이를 안아주었다. 아이는 그 소리가 사라질 때까지 엄마를 붙들고 서서 꼼짝도 하지 못했다.

주차장에서 다른 차가 시동만 걸어도 깜짝깜짝 놀라고, 주차장 입구의 경보음이라도 울리면 난리가 났다. 엘리베이터를 무서워해서 집이든, 상가든, 가는 곳마다 엘리베이터를 타기가 어려웠다. 그러다 보니 외출이 거의 불가했다. 하지만 그렇다고 아이를 집에만 데리고 있을 수도 없을뿐더러 집에서도 아이의 청각 과민 반응은 계속되었기 때문에 일상생활이 힘들었다.

아이는 거실에 있다가 갑자기 아파트 관리사무소 방송이 나오면 자지러지게 놀라 울음을 터트렸다. TV 광고를 보고도 마찬가지였고, 헤어드라이기는 사용조차 하지 못했다. 헤어드라이기 소리야 시끄러운 고주파 소음이니 싫어하는 게 이해가 간다 하더라도 나머지는 이해할 수가 없었다. 관리사무소 방송은 차분한 여성의 목소리였고, TV 광고도 전혀 무서운 광고가 아님에도 불구하고 아이에게는 그것들이 엄청난 자극으로 느껴지는 것 같았다.

이 증상은 몇 달 동안 사라지지 않았고, 우리 부부의 삶은 피폐해져갔다. 다른 사람에게는 아무것도 아닌 자극을 위협적으로 받아들이니 아무리 부모라도 현실적으로 도와줄 방법이 없었다. 그저 괜찮다고 아이를 안아주고 달래는 방법 외에는 도리가 없었다. 그러나 부모가 안아주고 옆에 있어도 달래지지 않는 것이 더 큰 문제였다. 일단 자극이 생기면 아이에게는 그 소리 외에는 들리지 않는 것처럼 느껴졌다. 아이는 한참을 멈추어 있다가 그 소리가 사라져야 진정이 되었다.

시간이 한참 지나고 나서야 소은이가 보인 반응들이 감각조절장애의 한 유형인 청각 방어의 양상이라는 것을 알았다. 청각 방어란 특정 소리에 과민 반응을 보이는 것으로 청소기 소리, 엔진 소리, 화재 경보 등 환경에서 발생하는 소리들을 받아들이는 데 문제가 있는 것을 말한다. 그리고 감각조절장애란 신체 또는 외부로부터 들어오는 감각 정보를 올바르게 해석하지 못해서 일반적인 감각 자극에 대해서도 과소 또는 과민한 반응을 보이는 것을 말한다. 과소 반응의 경우 입력된 자극을 인식하지 못하고 더 강한 자극을 추구하는 모습을 보이며, 과민 반응의 경우 위협적이지 않은 자극에 대해서 불안해하고 과잉 행동을 하는 모습을 보이게 된다.

소은이는 어린이집 사건을 겪은 후 일시적으로 과민 반응 유형의 감각 조절 장애 양상을 보였다. 감각 조절 장애는 각성이나 주의, 정서, 스트레스, 다양한 행동 등의 행동 특성과 관련이 있고, 이로 인해 정서적 안정을 유지하는 것이 어렵다고 한다. 당시 과도한 스트레스로 다양한 감각에서 방어 기제가 일어난 것으로 해석된다.

그러나 그 당시에는 아이가 하는 모든 '거부'의 이유를 알 수 없어 정말 힘이 들었다. 지금처럼 그게 감각 조절에 이상이 생긴 것이고, 그 원인이 무엇이고 치료 방법이 무엇이라는 정보가 있었더라면 조금은 덜 힘들지 않았을까. 한참이 지나고 나서 감각 통합에 대해 공부하고 나니 당시 아이가 보이던 모든 문제점의 정체가 밝혀지면서 퍼즐이 맞춰지는 듯했다. 하지만 그때는 이런 것들에 대해 전혀 몰랐고, 우리 부부가 할 수 있는 최선은 아동 심리 발달센터에서 미술 치료와 놀이 치료를 받으며 아이의 마음을 보듬어주는 것뿐이었다.

증상이 호전되지 않아 소아정신과를 찾았을 때도 아이가 너무 어리다 보니 딱히 해줄 수 있는 게 없었다. 당시 하고 있던 미술 치료나 놀이 치료를 받는 것 외에 뾰족한 치료 방법이 없었다. 의사 선생님은 아이가 트라우마를 극복하는 데 6개월 정도의 시간이 필요하다고 했고, 실제로 아이는 6개월 넘게 상담 센터를 다니고서야 원래 우리가 알던 아이로 돌아왔다.

그 과정에서 우리 부부의 맘고생은 이루 말할 수가 없었다. 잘못을 인정한 어린이집에서 놀이 치료 비용을 전부 부담하였지만 돈으로는 우리가 입은 피해를 보상할 수 없었다. 시간을 되돌릴 수만 있다면, 아이를 어린이집에 보내기 전으로 돌릴 수만 있다면 정말 뭐든 할 수 있을 것 같았다.

정도의 차이는 있겠지만 청각에 예민한 아이들은 위와 같은 양상을 보일 수 있을 것이다. 이것을 치료의 대상으로 생각할 것인지는 일상생활에 지장을 주는가에 대한 여부로 판단할 수 있겠지만 대부분의 아이들은 스스로 견딜 수 있는 힘이 없다. 따라서 이런 아이들에게는 부모의 적극적인 도움이 필요하다.

그렇다면 청각이 예민해서 힘든 아이들을 어떻게 도울 수 있을까? 가장 좋은 방법은 그 감각을 미리 차단하는 것이다. 간혹 비슷한 자극에 계속 노출하면 아이가 무뎌지지 않을까 해서 일부러 자극을 주는 경우도 있는데 그것은 바람직하지 않다. 아이가 싫어하는 특정 소음으로부터 최대한 아이를 차단하고 시끄러울 만한 환경에 가기 전에는 항상 먼저 아이에게 상황을 알려주어야 한다.

혹시 시끄러운 장소에 가게 된다면 아이가 조용히 있을 수 있는 장소를 미리 알아두거나 헤드폰으로 외부 소리를 차단하고 편안한 음악을 들려주는 것이 도움이 된다(아이에게는 이어폰보다는 헤드폰이 좋다). 또한 이렇게 청각에 예민한 아이들은 마트나 카페처럼 실내이면서 사람이 붐비고, 소음이 많은 곳에 가는 것을 힘들어하므로 최대한 사람이 붐비지 않을 때 가는 것이 좋다. 만약 꼭 가야 할 상황이라면 아이에게 미리 설명을 해주는 것이 도움이 된다.

그리고 아이를 안정시키기 위한 활동으로 대근육 활동을 추천한다. 이때 대근육 활동은 거창한 운동이 아니라 일상생활에서 할 수 있는 운동들이다. 우리가 운동을 하고 나면 몸은 피곤해도 정신이 개운해지는 것과 비슷한데, 힘을 쓰게 되면 뇌에서 사람을 안정시키는 전달 물질이 분비된다. 그래서 대근육 활동을 통해 아이 스스로 견디는 힘을 키우는 것이 이 활동의 궁극적인 목표이다.

구체적으로 추천하는 활동에는 걷기 혹은 뛰기, 공놀이, 뛰는 놀이, 씨름, 동물 흉내 내며 걷기, 무거운 물건 옮기기 등이 있다. 이러한 활동들을 일상생활에서 규칙적이고 반복적으로 하면 감각을 조절하는 데 도움이 된다. 감각 통합에서는 이러한 활동을 Heavy work 혹은 Proprioception(고유 수용성 감각) 활동이라고 하는데, 이러한 활동은 우리 몸의 각 부분이 어디에 있으며 어떻게 움직이는지를 뇌에 전달하는 역할을 해준다. 이러한 활동은 감각에 문제가 없는 아이에게도 발달상 도움이 된다.

그리고 앞에서 말한 것처럼 일상생활이 힘들 만큼 감각에 문제가 있다면 감각 통합 발달센터를 방문하여 상담하기를 바란다. 나는 당시 이러한 것을 몰라서 아동 심리 상담으로 접근을 했지만 지금 생각해보면 감각 통합 치료를 전문으로 하는 센터를 찾는 것이 조금 더 아이의 상황에 맞았다. 물론 놀이 치료와 미술 치료를 병행한 덕분에 아이가 정서적으로 안정을 되찾았지만, 아이가 보였던 여러 문제 양상을 살펴보면 감각 통합에서 말하는 감각 조절 장애에 해당되는 것이 많았기 때문이다.

부모를 위한 핵심 요약 노트!

1) 아이가 외출이 힘들다면, 청각이 예민한 것일 수 있어요

아이가 특정 소음에 민감하게 반응한다면 감각 조절 장애 중 하나인 청각 방어일 수 있어요. 일시적으로 감각 통합에 문제가 생긴 것일 수도 있고, 타고난 예민함일 수도 있고, 자폐 스펙트럼일 수도 있고 그 원인은 다양해요. 하지만 일상생활을 방해할 정도로 힘들다면 감각통합 발달센터의 도움을 받는 것도 좋은 방법이에요.

2) 청각이 예민한 아이를 위해 소음 차단, 대체 활동, 대근육 활동을 추천합니다

해결 방법으로 일부러 싫어하는 소리를 들려주는 것은 도움이 되지 않아요. 최대한 소음을 차단해주고, 불가피하게 소음이 발생하는 장소에 가야 한다면 조용한 장소를 알아보고 음악을 들을 수 있는 헤드폰을 준비해서 아이가 대체 활동을 할 수 있게 해주세요. 평소에는 대근육 활동을 통해 아이가 자신의 감각을 조절할 수 있도록 도와주세요.

3) 상담 기관에 방문하는 것을 두려워하지 마세요

많은 엄마들이 아이를 키우며 다양한 문제에 직면할 때 시간이 지나면 해결될 것이라 생각하고 상담 기관을 찾지 않아요. 하지만 우리가 감기에 걸리면 병원에 가듯이, 아이의 마음이 아프거나 발달상에 문제가 발견된다면 그에 맞는 치료 기관에 가는 것은 자연스러운 일이에요. 아이가 이렇게 청각에 민감한 반응을 보인다면 엄마도 많이 지쳐 있을 거예요. 필요하다면 엄마도 심리 상담을 같이 받는 것이 좋아요.

🎀 머리 감기, 세수하기, 목욕하기가 힘들어요 - 촉각이 예민한 경우

머리 감기, 세수하기, 목욕하기는 위생과 관련된 것으로 우리가 일상생활에서 반드시 해야 하는 기본적인 활동이다. 그런데 유독 머리 감기를 싫어하거나, 세수하기를 싫어하거나, 목욕을 거부하는 아이들이 있다. 이럴 때는 아이가 촉각이 예민한 것은 아닌지 생각해보자. 청각 방어와 마찬가지로 촉각이 예민한 아이들에게는 촉각 방어나가 나타날 수 있다.

촉각 방어란 접촉이나 촉각 경험에 대하여 과민 반응을 나타내는 것이다. 촉각에 대해 예민한 아이들은 다음의 반응들을 보인다.

- 다른 사람과의 접촉을 피하고 사람이 붐비는 장소를 싫어한다.
- 머리를 감거나 자르는 것, 세수 및 양치, 손톱 손질하는 것을 극도로 힘들어한다.
- 아주 작은 상처에도 극한 반응을 보인다.
- 잔디밭이나 모래를 맨발로 걷는 것을 거부한다.
- 특정 음식이나 재질의 음식만 선택적으로 먹으려 하며 음식들이 섞여 있는 것을 거부한다.
- 손에 물감이나 모래가 묻는 것을 싫어한다.

모두 소은이에게 해당되는 반응들이다. 처음에는 아이가 촉각이 예민한지도 몰랐었다. 두 돌쯤 되었을 때 모래 놀이 상자를 사주었는데 모래를 만지기는커녕 모래만 봐도 기겁을 하고 도망을 가는 것이었다. 모래 놀이를 하자고 하면 울고불고, 울음을 터트렸다. 그 뒤 문화센터에서 몸으로 노는 미술 수업을 신청했는데 소은이는 온몸으로 거부하며 수업에 참여하지 않았다. 미용실에 데려갔다가 너무 자지러지게 울어 앞머리를 자르다 말고 중도에 포기한 적도 있었다. 그때는 그냥 막연하게 우리 아이가 남들보다 예민한가 보다 생각했다. 그러나 지금 감각 통합에 대해 공부하고 나서 돌이켜보니 소은이는 촉각을 조절하는 데 어려움이 있던 아이였는데, 그에 대한 적절한 대처를 하지 못해 아이도 부모도 힘든 시간을 보냈던 것 같아 아쉬움이 든다.

당시 모래 놀이나 물감 놀이와 같은 것들이야 부모의 의지로 얼마든지 차단할 수 있었지만 머리 감기와 세수, 양치, 손톱 깎기 등은 일상생활에서 안 할 수 없는 것들이어서 정말이지 힘이 들었다. 아이는 머리를 감을 때마다 악을 쓰며 울었다. 얼굴에 물이 조금이라도 튀거나 귀에 물이 들어가면 발작 수준으로 비명을 질렀다. 때문에 네 살 때까지 신생아처럼 아이를 안고 머리를 감겼다. 그냥 고개를 뒤로 젖히거나 어른처럼 서서 머리를 감는 것은 상상도 할 수 없었고 샴푸 의자나 샴푸 캡조차 시도도 하지 못했다. 아이가 그냥 싫어서 우는 것이라면 감행을 했겠지만 단순히 싫어서가 아니라 공포에 가까울 정도로 무서워하니 어쩔 방법이 없었다.

그래도 어느 날은 너무 화가 나서 샤워를 하는 아이 머리 위로 물을 그냥 끼얹어버렸다. 그때만 해도 이렇게 경험을 하고 나면 그 뒤로는 '별것 아니구나' 하고 아이도 적응을 할 줄 알았다. 그러나 그건 나의 큰 착각이었다. 아이는 그 후 물에 대한 트라우마까지 생겨 한동안 욕조에도 들어가지 못했고 목욕은커녕 손 씻기와 세수까지 거부하며, 그 정도가 너무 심해서 감당이 되지 않았다. 세수를 시키려고 세면대 앞에 세워놓기만 해도 부들부들 떨면서 "나가! 나가! 나가!" 하며 화장실에서 데리고 나갈 때까지 계속 소리를 질렀다.

매일 이런 일상을 반복하며 왜 우리만 이렇게 힘들게 아이를 키워야 하나 절망감이 들었다. 한번은 소은이 친구 집에 놀러 갔는데 또래 친구가 아무렇지 않게 머리를 감고 헤어드라이기로 머리를 말리는 장면을 보고 그 자리에서 눈물이 왈칵 쏟아졌다. 남들에게는 이렇게 평범한 일상이 우리 아이에게는 왜 안 되는 것일까, 이 악몽 같은 시간이 대체 끝나기는 하는 걸까. 좌절감이 밀려왔다.

이렇게 나를 힘들게 했던 아이. 과연 지금은 어떤 모습일까? 결론부터 말하면 다섯 살 때쯤 아이는 촉각에 대한 예민함이 모두 사라졌다. 악몽 같은 시간은 끝났고 지금은 다른 아이들처럼 평범하게 머리를 감고, 모래도 만지고, 물감 놀이도 좋아한다. 이게 부모의 노력으로 극복을 한 것인지, 시간의 힘으로 극복이 된 것인지 정확히는 알기 어렵지만 비슷한 상황을 겪고 있는 부모님들에게 내가 했던 아래의 방법들이 조금은 도움이 되었으면 한다.

첫째, 촉각이 예민한 아이는 힘들어하는 자극을 차단해주어야 한다. 아이마다 어떤 촉각 자극을 힘들어하는지는 다를 수 있다. 중요한 것은 부모가 아이를 잘 관찰하여 어떤 감각에서 아이가 예민한지를 구체적으로 아는 것이다. 그리고 그걸 알아차린 후에는 무엇 때문에 그 감각이나 행동을 싫어하는지 원인을 찾고 그런 상황을 최대한 피해야 한다.

예를 들어 몸으로 하는 물감 놀이를 싫어하는 아이에게 물감 놀이를 강요해서는 안 된다. 엄마들이 가장 많이 하는 실수이다. 특히 아이가 어려 말이 통하지 않는 시기에 예민한 아이들은 손에 뭔가 묻는 퍼포먼스 미술 수업이나 촉감 놀이를 거부하는 경우가 많다. 그럼 대부분의 엄마는 아이가 하기 싫어서 안 하는 것이라고 생각하고 화가 나기 시작한다. 여기까지 힘들게 데려왔는데, 열심히 참여하는 다른 아이들과 그렇지 않은 자신의 아이를 비교하게 되는 것이다. 그러나 아이가 싫어하는 것이든, 무서워하는 것이든 억지로 수업에 참여시키는 것은 의미가 없다. 엄마가 화를 내게 되면 아이는 특정 감각에 더욱 거부감이 들 수 있다. 계속 노출한다고 좋아지는 것은 아니고, 다른 방법을 통해 점진적으로 아이의 반응 역치를 높여주어야 한다. 반응 역치가 낮으면 약한 자극에도 아이가 민감하게 반응한다. 아이는 안 하는 것이 아니라 못 하는 것임을 기억하자.

둘째, 아이가 감각에 집중하지 않도록 다른 활동으로 유도하자. 목욕 트라우마가 생겨 손 씻기도 하지 않으려고 했던 아이를 다시 씻게 할 수 있었던 것은 목욕 환경을 아예 전환시켰기 때문이다. 당시 아이가 욕조에 들어가는 것조차 공포스러워했기 때문에 아이가 좋아할 만한 캐릭터 욕조를 새로 구입하고, 집에 설치할 수 있는 실내 풀장도 준비했다. 목욕이 아니라 수영을 하자고 아이를 설득하며 수영복을 입혀 다시 물에 들어가게 했다. 새로운 물놀이 장난감으로 아이가 물이 아닌 다른 것에 집중하도록 했다. 이렇게 여러 차례 반복하자 물에 대한 공포가 서서히 사라졌다.

머리 감기는 조금 더 오래 걸렸지만 비슷한 방법으로 성공했다. 어느 날 소은이와 비슷한 또래를 키우고 있는 지인 집에 방문하였는데 그 집 옥상에는 작은 실내 풀장이 설치되어 있었다. 아이들에게 수영복을 입히고, 풀장에서 수영을 하며 놀게 했다. 그때 다른 아이가 머리에 물을 뿌리고 신나게 노는 모습을 보며 소은이도 스스로 머리에 물을 적시기 시작했다. 겉으로 보기에는 마치 머리를 감는 행동처럼 보였지만 아이는 머리를 감는 게 아니라 노는 것이었고, 머리 감기가 노는 행위가 되는 순간 마법이 일어났다. 그 뒤로 거짓말처럼 아이는 울지 않고 머리를 감게 되었다. 종류별로 구입했던 샴푸 의자, 샴푸 캡으로는 결코 해결되지 않았던 부분이다. 물이 닿는 두려운 느낌을 즐거운 느낌으로 전환시키는 것이 핵심이다.

셋째, 감각이 예민한 아이를 이해하려고 노력하자. 촉각의 역치가 낮아서 감각적으로 예민하게 느끼는 아이들은 감각을 통증으로 이해한다고 한다. 즉 아이가 유난을 떨고 유별난 게 아니라, 아이에게는 피부가 아린 느낌이 통증처럼 다가오는 것이다. 소은이가 촉각 방어의 양상을 보였을 때 아이가 말을 유창히 하던 시기가 아니었기 때문에 정확히 알 수는 없지만 아이에게는 촉각에 대한 감각이 통증이나 두려움으로 느껴지는 것 같았다. 이것을 엄마가 이해한다면, 아이를 바라보는 엄마의 마음이 한결 더 부드러워지지 않을까.

부모를 위한 핵심 요약 노트!

1) 촉각이 예민한 아이는 힘들어하는 감각을 차단하기

촉각이 예민해서 힘들어하는 아이에게 자극을 자주 접하게 하면 적응이 될 것이라고 생각하고 더 잦은 자극을 주는 것은 엄마들이 많이 하는 실수! 계속 노출한다고 좋아지는 것이 아니에요. 아이에게는 어느 정도 시간이 필요하답니다.

2) 아이가 감각에 집중하지 않도록 다른 활동으로 유인하고, 전환하기

촉감과 관련된 놀이는 안 해도 그만이고 머리도 안 자르면 되지만, 목욕하거나 머리 감기처럼 일상생활에 꼭 필요한 활동들이 촉각 방어로 인해 힘든 경우가 있어요. 이럴 때는 아이가 감각에 집중하지 않도록 좀 더 극적인 전환이 필요합니다. 다른 사람이 잘하는 것을 보여주는 것만으로는 안 돼요. 예민한 아이는 꼭 자기가 해보고, 그것이 안전한지 확인이 되어야 하거든요.

3) 문화센터 수업으로 스트레스 받지 마세요

아이가 어릴 때 엄마는 아이가 이것저것 다양한 경험을 하게 해주고 싶어 여러 가지 문화센터 수업을 신청합니다. 음악, 미술, 체육 등 다양한 종류가 있는데요. 처음에는 아이에 대해 잘 모르니 여러 수업을 신청해보고, 아이가 싫어하거나 거부하는 수업이 있다면 과감히 환불하세요.

4) 포기할 것은 포기하세요!

촉감이 예민한 아이도 대부분은 어느 정도 나이가 들면 다른 평범한 아이들과 비슷해집니다. 그러니 아이가 어릴 때일수록, 모든 것에 욕심을 내지 말고 안 되는 부분은 포기하는 것이 엄마의 정신 건강에 좋습니다.

🚩 낯선 장소, 낯선 사람이 두려워요! - 시각이 예민한 경우

지금도 잊히지 않는 장면이 하나 있다. 어린이집 사건으로 한참 힘든 시기를 보내고 있을 무렵, 밖에서 아이 친구 엄마를 우연히 만났는데 아이가 예전과 달리 친구 엄마와 눈을 마주치지 못했다. 어린이집 사건이 있기 전에는 그런 적이 한 번도 없었기에 너무 당황스러웠다. 낯선 사람도 아니고, 객관적으로 무섭게 느껴지는 사람도 아니고, 얼마 전까지만 해도 잘 따르며 놀던 친구 엄마와 눈을 마주치지 못하다니. 나는 아이의 그런 모습을 처음 보았다. 그때는 그저 아이가 많이 불안해서 그렇구나 생각했지만 지금 보면 아이는 시각에도 몹시 예민해져서 시각 방어의 양상을 보였던 것 같다.

시각 방어란 불빛에 민감한 반응을 보이고 시각 자극에 대해 과민 반응이 나타나는 것을 말한다. 시각 자극에 의해 쉽게 주의가 산만해지며 밝은 배경에 있는 사물을 잘 쳐다보지 못한다. 또 다른 사람과 시선을 맞추지 못하는 증상을 보인다.

당시에는 아이가 사람을 만나면 불안해하는 증상이 너무 심해서 다른 사람을 만나는 것 자체도 힘이 들었다. 길을 가다 잠깐 카페에 들어가 커피를 사고 나올 수도 없었다. 유아차를 밀고 카페에 들어서는 순간 아이는 경기를 일으키듯 울었다. 마치 무서운 괴물이라도 본 것처럼 공포에 떨었다. 그쯤 되자 나도 사람을 만나는 게 무서워졌다. 사람을 만날 때마다 비정상적으로 반응하는 아이를 케어하는 것은 정말 보통 일이 아니었다. 어떤 날은 용기를 내어 빵집에 들어갔다가 아이가 기겁을 하고 우는 바람에 아이를 껴안고 쫓기듯 나온 적도 있었다. 빵집에서 빵을 사고 카페에서 차를 마시는 것. 이렇게 사소한 것조차 허락되지 않는 시간들이 너무 힘에 겨웠다. 언제까지 이렇게 살아야 하나 막막하고, 끝이 보이지 않는 기분이었다.

한번은 조용하고 한적한 키즈카페를 대여해서 지인 가족들끼리 모임을 시도한 적이 있었다. 다른 사람도 아니고 소은이가 좋아하는 또래와의 만남이니 괜찮을 것이라 생각했지만 그건 우리의 착각이었다. 그때 오랜만에 본 친구 아빠가 있었는데 소은이가 그 아저씨를 보자마자 소스라치게 놀라 울기 시작했다. 처음엔 낯설어서 우는 것이겠지, 곧 나아지겠지 생각했지만 몇 시간이 지나도 상황은 변하지 않았다. 아이는 지치지도 않고, 있는 힘을 다해 울었다. 결국 우리 가족만 키즈카페를 빠져나와 유아차로 산책을 하며 아이를 진정시켰던 기억이 난다.

아이는 그 후로도 한참 동안 사람 만나는 것을 두려워했다. 그들 사이에 공통점이라도 있었다면 좋았겠지만 공통점도 없었다. 그것이 더 우리를 힘들게 했다. 어떠한 공통점이라도 있다면 그런 사람을 피하면 되련만 때로는 젊은 아저씨, 때로는 할아버지, 때로는 평범해 보이는 아주머니를 보고도 악을 쓰고 울며 그 자리를 벗어나려 했다.

나중에 해가 바뀌고 한참 시간이 흐른 후, 아이에게 그때 그 친구 아빠의 사진을 보여주며 왜 그렇게 울었느냐고 물었다. 아이는 아저씨가 입은 검은색 옷이 무서웠다고 했다. 정말 그것 때문인지, 어떤 다른 이유에서인지 알 수 없지만 추측하자면 그 당시 아이에게는 누군가를 대면하는 것 자체가 스트레스가 아니었을까 싶다.

《예민한 아이 잘 키우는 법》을 쓴 최치현 교수는 오감이 예민한 아이는 작은 소리도 더 크게 인식하고, 세상을 일반 화질이 아니라 풀 HD(초고화질)로 본다고 말했다. 정확한 이유는 알 수 없지만 아이가 그때 초고화질로 본 환경이 너무나 자극적이었던 게 아닐는지. 그 시간, 그 공간에서 아이를 불편하게 하는 어떤 것이 끊임없이 있었을 것이고, 아이는 그 자극으로부터 회피하기 위해, 도망치기 위해 그렇게도 울었던 게 아닐까.

그럼 시각 방어를 보이는 아이들은 어떻게 해결해주어야 할까? 시각에 민감한 아이들은 빛에 과민해서 선글라스를 쓰게 하거나 그늘에 머무는 등 햇빛을 피하게 해주는 게 좋다. 또 사람이 많이 모여 있는 모습이 아이를 당황시키고 속을 메스껍게 만들 수 있다고 하니 사람이 많이 모이는 장소를 피하도록 하자. 시각이 예민한 아이들에게는 마트나 백화점같이 시각적인 자극이 많은 곳은 좋지 않다. 나는 이 간단한 사실을 몰라서 꽤 오랫동안 고생을 했다. 예민한 아이를 집에서 혼자 보기 힘들다 보니, 낮 시간에 매일 백화점이나 마트 문화센터에 수업을 등록해두고 아이를 사람이 많은 곳에 데리고 다녔다. 지금 돌이켜보면 아이가 싫어하는 환경을 매일 제공하면서 엄마도, 아이도 힘든 시간을 반복한 셈이다. 차라리 사람이 많지 않은 한적한 공원이나 야외로 나가 자연 속에서 아이와 평온한 시간을 보냈더라면 좋았을 텐데. 예민한 아이는 특히 자연 속에서 뒹굴며 뛰어노는 편이 아이의 마음과 몸을 훨씬 편하게 만들어줄 것이다.

부모를 위한 핵심 요약 노트!

1) 아이가 다른 사람과 눈을 마주치지 못하면 혹시 시각 방어는 아닌지 살펴보기

아이가 다른 사람과 눈을 마주치지 못하고 계속 시선을 피한다면 감각조절장애 중 하나인 시각 방어일 수 있어요. 물론 낯가림이나 불안 증세일 수도 있지만요.

2) 시각이 예민한 아이를 위해 적절한 환경 제공하기

시각에 민감한 아이들은 빛에 과민해서 선글라스를 쓰게 하거나 그늘에 머무는 등 햇빛을 피하게 해주는 게 좋아요. 또 사람이 많이 모여 있는 모습이 아이를 당황시키고 자극할 수 있으니 사람이 붐비는 장소를 피해주세요.

📌 차만 타면 울어요! – 전정감각이 예민한 경우

예민한 아이들 중에는 차에 타기만 해도 우는 아이가 있다. 특히 카시트에 혼자 아이를 태우면 예민한 아이는 자지러진다. 이 역시 경험해보지 않으면 그 정도가 얼마나 심한지 모를 것이다. 보통은 그냥 아이를 울리다 보면 아이가 카시트에 적응한다고 말하지만 예민한 아이들이 이때 우는 울음은 단순히 칭얼대는 울음이 아니라 패닉 수준의 울음이다.

소은이 역시 그랬다. 지금보다 더 어렸을 때는 차만 타면 우는 아이 때문에 멀리 외출을 할 수가 없었다. 늘 동네를 벗어나지 못했고, 언제든 멈출 수 있는 낯익은 길만 다녔다. 그러던 어느 날, 아이가 14개월 되었을 무렵 조리원 동기들이 외곽에 있는 아웃렛에 함께 가자고 제안을 했다. 우리 집에서 30km 정도 떨어진 곳이었다. 이미 나만 빼고 다들 아이와 몇 번 다녀왔던 곳이었고, 아이들은 이동하는 차에서 잠을 자거나 간식을 먹으면 그럭저럭 올 만하다는 게 엄마들의 의견이었다. 나는 용기를 내어 처음으로 아이와 단둘이 고속도로를 타보았다. 그런데 그것이 지옥으로 가는 고속도로였을 줄이야.

소은이는 집에서 출발하여 아웃렛에 도착할 때까지 40여 분을 그야말로 눈이 뒤집혀서 울었다. 얼마나 우는지 목이 쉴 정도였다.

어떤 정신으로 운전을 했는지 모르겠다. 정말 혼이 나갈 지경이었다. 돌아오는 길도 지옥 같았다. 결국 고속도로 톨게이트에 차를 정차시키고, 아이를 카시트에서 빼내어 안아주었다. 눈물이 나왔다. 내가 무슨 영화를 누리겠다고 여기 아이를 데려왔을까 오만 가지 생각이 들었다. 해는 이미 뉘엿뉘엿 넘어가고 있었고, 나는 어쩔 수 없이 아이를 다시 카시트에 태웠다. 상황은 더 심각해졌다. 퇴근길 정체가 시작된 것이다. 카시트에 앉자마자 아이는 다시 숨이 넘어갈 듯 울었고, 나는 결국 집이 아닌 다른 IC로 빠져나와 차를 세울 수 있는 곳을 향해 무작정 달렸다. 도착한 곳은 허허벌판의 한 공사장. 조리원 동기들은 이미 집에 잘 도착했다는 카톡을 줄줄이 보내고 있었고, 나는 눈물이 줄줄 났다. 결국 울면서 남편에게 전화를 걸었다. 도저히 더 이상 운전을 할 수 없는 패닉 상태였다. 회사에 있던 남편이 우리를 데리러 왔고, 우리는 내 차를 공사장에 버려두고 남편의 차로 집에 돌아왔다. 정말 끔찍했던 경험이었다. 그 후로도 한참 동안 카시트와의 전쟁은 계속되었다. 남들은 몇 시간 거리도 잘 타고 간다는데 우리 가족은 여행은커녕 한 시간 거리도 운전하는 게 두려웠다.

다섯 살 정도가 되어서야 비로소 아이는 차를 잘 타게 되었는데 그렇게 될 때까지 많은 노력이 필요했다. 부모들 중에는 간혹 아이가 너무 카시트를 거부하니 카시트 없이 아이를 차에 태우기도 하지만 이것은 잘못된 해결 방법이다. 카시트 사용은 안전과 직결되는 문제이다 보니 양보할 수 있는 사항이 아니다. 어떻게든 아이를 카시트에 적응시켜야 하는데, 대체 어떤 방법을 써야 할까?

아이가 어릴 때는 말이 통하지 않았기 때문에 아이가 왜 우는지 알 수 없었다. 그런데 아이가 커가면서 아이가 울었던 이유를 조금씩 찾을 수 있었다. 아이에게 "차를 타면 왜 그렇게 울었어?"라고 질문을 했는데, 아이의 대답은 주로 "무서워서"였다. 예를 들면 차가 빨리 달릴 때 나무가 휙휙 지나가는 게 무섭고, 차가 터널을 지날 때 터널이 깜깜해서 무섭고, 과속 방지 턱을 넘을 땐 덜컹거리는 게 무섭다는 것이었다. 그래서 내가 생각한 것은 아이에게 미리 안내하고 예고를 해주는 방법이었다. 터널이 나오기 전에 "앞에 터널이 나올 거야. 깜깜하지만 금세 다시 밖으로 나와서 환해질 거야"라고 예고를 했다. 과속 방지 턱을 넘을 때도 "이제 덜컹할 거야" 하고 미리 마음의 준비를 할 수 있게 말해주었다.

또 다른 방법으로 창문을 열어 바람이 시원하게 통할 수 있도록 해주었다. 앞에서 감각에 대해 언급했는데, 우리의 내부 감각 중에서 전정 감각이 멀미와 관련이 있다. 전정 감각이 과민한 아이는 잦은 멀미로 차를 타기 힘들어한다. 예민한 아이라면 이런 이유로 불편함을 느낄 수도 있기 때문에 창문을 열어서 계속 신선한 공기를 공급시켜주었다. 신기하게도 아이는 창문으로 들어오는 바람을 좋아했고, 카시트도 점차 잘 타게 되었다.

마지막으로 아이가 좋아하는 간식과 음악을 항상 준비했다. 특히 멀미를 하는 아이에게는 막대 사탕이 좋다고 하여 차를 오래 탈 때만 특별히 허용하는 사탕을 준비해주었다. 아이는 차를 타면 먹을 수 있는 특별 간식이 있는 것을 좋아했고, 그 기대감으로 인해 카시트를 타는 것에 대한 거부감도 없어졌다. 또 항상 아이가 좋아하는 음악을 틀어주고 따라 부르면서 차를 타고 가는 게 즐겁다는 인식을 심어주었다.

마지막으로 차에서 쓰는 육아 아이템도 적극 활용했다. 카시트 앞에 아이가 자신의 얼굴을 볼 수 있도록 노래가 나오는 거울을 달아주었다. 아이는 거울 속에 비친 자신의 모습을 보기도 하고, 거울에서 흘러 나오는 노래를 들으며 카시트에 적응해갔다. 물건을 둘 수 있는 트레이를 아이 앞에 설치하기도 하고, 카시트 아래에 아이의 발이 닿을 수 있는 발 받침 등을 놓기도 했다. 이 밖에도 안전벨트에 다는 인형, 햇빛 가리개 등 차에서 쓸 수 있는 육아 용품들이 많으니 아이가 카시트에 타는 걸 힘들어한다면 이런 육아 용품들을 활용해보는 것도 하나의 방법이 될 것이다.

부모를 위한 핵심 요약 노트!

1) 카시트를 거부하는 이유가 감각 문제는 아닌지 점검하기

감각 문제는 부모가 인지하기 어려운 경우가 많다고 했었죠? 실제로 전정 감각이 과민하다면 부모가 생각하는 것보다 훨씬 아이가 힘들 수 있어요. 단순히 아이가 멀미를 한다고 생각하기보다 어떤 이유로 멀미를 하는지, 혹시 감각 문제는 아닌지 점검해주시면 좋겠습니다.

2) 아이에게 차에서 왜 우는지 물어보기

말이 통하는 아이라면 어떤 점이 불편해서, 어떤 점 때문에 카시트에서 우는지 아이의 이야기를 들어주세요. 의외로 아이에게 우는 이유를 물어보지 않는 분들이 많아요. 소은이가 차를 탔을 때 무서웠던 점들이 있었던 것처럼, 예민한 아이들만이 느끼는 무언가가 있을 수 있어요.

3) 남들이 다 한다고 해서 따라 하지 말기

주위에 보면 차를 잘 타는 아이들이 있어요. 네 시간 이상 되는 먼 거리도 잘 타고 다니는 아이들이 있는데 그런 아이들과 자신의 아이를 비교하지 마세요. 저도 아웃렛 사건을 돌이켜보면 다른 아이들이 가능했기에 우리 아이도 할 수 있다고 오기를 부렸던 것 같아요. 지금 생각해보면 엄마의 욕심이었죠.

4) 차에서 쓰는 육아 아이템 활용하기

노래가 나오는 거울, 물건을 둘 수 있는 트레이, 아이의 발이 닿을 수 있는 발 받침, 안전벨트에 다는 인형, 창문 햇빛 가리개 등 차에서 쓸 수 있는 육아 용품들이 많아요. 이런 육아 용품들을 활용해보는 것도 하나의 팁이랍니다.

📌 국민 육아템이 안 통하는 아이 (feat. 공갈젖꼭지)

　엄마들 사이에 '육아는 장비빨'이라는 말이 있다. 육아의 어려움을 덜어주고 조금이라도 편하게 육아를 할 수 있도록 고안된 장비들이 많기 때문이다. 그중에서도 엄마들에게 인기가 많은 육아 장비들을 '국민 육아템'이라 부른다. 바운서, 역류 방지 쿠션, 공갈 젖꼭지(쪽쪽이), 치발기, 아기 비데, 샴푸 캡, 샴푸 의자, 보행기, 유아차, 아기띠, 힙시트 등 종류도 무궁무진하다.

　그런데 문제는 예민한 아이들은 이런 국민 육아템도 통하지 않는다는 데 있다(물론 아이에 따라 차이가 있다. 소은이의 경우는 대부분 통하지 않았다). 가뜩이나 육아가 어려운데 아이템도 먹히지 않는다니! 정말 기가 찰 노릇이었다.

　바운서만 조금 흔들어주면 잠이 드는 아이, 칭얼대다가도 공갈 젖꼭지만 물리면 얌전해지는 아이, 샴푸 캡을 쓰고 머리를 감는 아이, 보행기에서 혼자 잘 노는 아이를 볼 때면 마치 딴 세상을 살고 있는 아이들 같았다. 그리고 이 모든 것이 통하지 않는 내 아이를 그 아이들과 비교하지 않을 수 없었다. 대체 무엇이 문제인 걸까?

　여기서는 육아 필수 아이템 중 하나인 공갈 젖꼭지를 통해 이야기를 풀어보고자 한다. 공갈 젖꼭지를 안 무는 게 뭐가 문제일까? 고개를 갸웃거리는 분도 계실 것이다. 경험해보지 않은 사람은 모른다. 아이가 공갈 젖꼭지를 무는 것이 얼마나 축복인지.

공갈 젖꼭지를 사전에서 찾으면 '고무나 플라스틱 따위로 만든 젖꼭지 모양의 물건. 잠투정을 하거나 칭얼거리는 아기에게 물린다'라고 적혀 있다. 즉 잠투정을 하거나 칭얼거리는 아기에게 공갈 젖꼭지를 물리면 잠투정과 칭얼거림을 가장 **빠르고 손쉽게** 막을 수 있다는 의미이다.

아기의 **빠는** 본능은 태어나면서부터 시작된다. 아이가 이것저것 또는 손가락을 빠는 걸 줄이기 위해 공갈 젖꼭지를 사용하며, 생후 두 달 전후부터 시작해 6개월에 가장 많이 사용한다. 돌쯤 되면 아이들이 다른 자극에서 욕구가 충족되어 저절로 끊는 경우가 많다 (그러나 두 돌이 지나도 계속 공갈 젖꼭지를 찾는 경우에는 충분한 자극을 주어 주의를 분산시켜서 사용을 중단하는 게 좋다).

공갈 젖꼭지는 이렇게 아기의 욕구를 충족시켜주는 도구이며 아기를 달래거나 재울 때 효과적이다. 그리고 실제로 주변에서 공갈 젖꼭지를 사용하는 아이를 보면 그 효과는 드라마틱했다. 졸려하는 아이에게 공갈 젖꼭지를 물리자 스르르 잠이 들고, 자다가 깨서 울다가도 공갈 젖꼭지만 물리면 다시 잠이 들었다(물론 공갈 젖꼭지가 빠지면 부모가 다시 물려야 하는 번거로움이 있다. 그러나 그 정도는 아이를 안아 재우거나 인간 공갈 젖꼭지가 되는 것에 비하면 애교 수준이다).

정말 마법 같은 일이었다. 그런데 아쉽게도 소은이에게는 공갈 젖꼭지의 마법이 전혀 통하지 않았다. 공갈 젖꼭지를 물리면 '퉤' 하고 뱉어버렸다. 시중에 나와 있는 공갈 젖꼭지를 종류별로 다 사다 바쳤지만 아무 소용이 없었다.

내 기억 속에 소은이가 공갈 젖꼭지를 빤 적이 딱 한 번 있었는데, 그것이 조리원에서 집에 온 첫날이었으니 생후 한 달이 안 되었을 때였다. 아이가 정말 공갈 젖꼭지를 빠는지 궁금해서 한 번 물려 보았다가 다시 주지 않았던 기억이 난다. 그 이유는 당시 읽었던 육아서 때문이었다. 육아서에는 공갈 젖꼭지를 첫 4주 이내에 사용하면 모유를 먹을 때 공갈 젖꼭지와 유두를 혼동할 수 있으므로 좋지 않다고 되어 있었다. 그렇게 되면 모유 수유 중단으로 이어지는 경우가 많으므로 세계보건기구(WHO)에서는 생후 6개월간은 완전 모유 수유를 할 수 있도록 아이에게 공갈 젖꼭지를 사용하지 않는 것을 권한다는 내용이었다.

또 공갈 젖꼭지를 오래 사용할 경우 부정 교합, 중이염 위험 증가, 언어 발달 장애 등의 문제점이 생길 수 있다고 적혀 있었다. 그러나 실제로 내 주변에서 공갈 젖꼭지를 사용한다고 해서 이런 심각한 부작용을 겪은 사례는 한 명도 본 적이 없다. 물론 예외가 있을 수 있지만 대다수는 그렇지 않다는 것이다.

내가 공갈 젖꼭지 이야기를 꺼낸 것은 이 때문이다. 모유 수유에 집착하다가 도리어 육아가 힘들어졌을 때처럼, 공갈 젖꼭지를 쓰지 않은 것도 생각지 못한 역효과가 났다. 모유 수유를 하며 엄마 젖꼭지에 익숙해진 아이는 이후 공갈 젖꼭지는커녕 젖병의 젖꼭지조차 물지 않았다. 촉각이 예민했던 아이는 엄마의 말랑말랑한 젖꼭지와 인공적으로 만든 젖꼭지를 너무 정확하게 구분할 줄 알았던 것이다.

대체 WHO의 권고가 뭐기에. 그 권고를 지키려다 잃은 것이 너무 많았다. 두고두고 후회를 했다. 그때 내가 아이에게 공갈 젖꼭지를 그대로 빨게 두었다면 우리의 미래는 좀 달랐을까? 육아가 조금은 더 쉽지 않았을까?

이 세상의 모든 아이는 기질과 성향이 다르다. 그러므로 육아에는 정답이 없고, 내 아이에게 맞는 육아법이 있을 뿐이다. 문제는 초보 엄마가 내 아이의 기질과 성향을 어떻게 알 수가 있으며, 안다 한들 아이를 제대로 키울 수 있겠는가 하는 것이다. 키우기 편한 아이라면 어찌어찌 키우겠지만, 예민한 아이라면? 결국 내 아이를 남들이 말하는 대로, 보편적인 방법으로 키우려고 하는 생각 자체를 바꾸어야 한다. 그리고 육아 서적에 나온 것이 정답인 것처럼 생각하는 마음도 조금 내려놓았으면 좋겠다.

부모를 위한 핵심 요약 노트!

1) 국민 육아템은 최대한 활용하기

많은 사람들에게 사랑받는 아이템은 다 이유가 있어요. 어떤 부작용이 있다고 해서 실제로 문제를 겪은 사례는 찾기 어려워요. 부작용에 너무 겁내지 말고, 국민 육아템은 최대한 활용하세요.

2) 육아서에 집착하지 말기

이 세상의 모든 아이는 기질과 성향이 달라요. 그러므로 육아에는 정답이 없고, 내 아이에게 맞는 육아법이 있을 뿐이죠. 예민한 아이라면? 결국 내 아이를 남들이 말하는 대로, 보편적인 방법으로 키우려고 하는 생각 자체를 바꾸어야 해요. 그리고 육아 서적에 나온 것이 정답인 것처럼 생각하는 마음도 조금 내려놓았으면 좋겠어요.

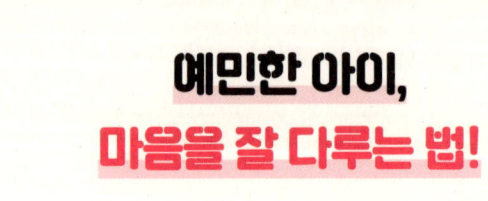

📌 아이의 예민함을 긍정적으로 바라보기

예민한 아이의 마음을 잘 다루려면 부모의 마음가짐부터 바꾸어야 한다. 부모는 그 어느 것보다 아이의 예민성을 긍정적으로 바라보아야 하는 것이 중요하다. 전문가들은 예민한 아이를 키우는 부모가 가져야 하는 전제 조건으로 예민함을 긍정적으로 볼 것을 조언했다. 앞에서 이미 언급했지만 예민함은 우리 사회에서 부정적으로 인식되고 있고, 예민한 아이를 키우는 부모 역시 아이가 예민한 것을 달가워하지 않는다. 그 이유는 일단 예민한 아이는 키우기 어렵기 때문이다. 그러나 예민함의 개념을 이해하고 수용한다면, 예민함을 긍정적으로 바라볼 수 있다.

롤프 젤린은 그의 저서 《예민한 아이의 특별한 잠재력》에서 부모가 아이의 예민함을 부정할 때 나타나는 문제점을 여러 가지 제시하였다.

그에 따르면, 예민한 인지 능력을 갖춘 아이는 사람들의 거부 반응을 반복적으로 겪으면서 점차 자신감을 잃게 된다. 그러다 결국 자기 욕구와의 접촉을 차단하여 자신의 욕구를 적기에 인지할 수 없게 되고, 자신의 강점에 대한 감각도 상실하여 스스로 한계를 만들게 된다. 또 자기 자신에 대해 제대로 인지하지 못하다 보니 끝없이 에너지를 소모하게 되고, 자기 몸과의 소통을 잃게 되면 타인과의 경계선이 모호해지는 문제가 발생한다. 이외에도 자기 생각에만 몰두하거나 우유부단하거나 삶에서 자기 위치를 상실하거나 자존감이 낮아지는 등의 안타까운 상황이 벌어진다.

롤프 젤린은 그의 저서에서 독자들에게 예민함에 대한 기존의 부정적인 평가에서 벗어나 새롭게 인식할 것을 촉구한다. 예민한 아이들은 본연의 기질을 활용해 다른 재능을 발전시키면 타고난 기질 덕분에 온갖 강렬한 체험을 누려 외적 성취와 내적 풍요로움을 달성할 수 있다는 것이다.

소아정신과 최치현 교수도 《예민한 아이 잘 키우는 법》에서 예민한 아이는 예민함에 대한 편견으로 억울하게 오해를 받고 있으며 예민함은 수신 기능이 발달했다는 하나의 특성일 뿐이라 말한다.

심지어 《예민한 아이 육아법》의 엄지언 작가는 예민한 아이를 키우는 부모만이 알 수 있는 기쁨이 있다고 했으며, 예민한 아이를 특별하게 키우는 부모는 특별한 부모가 된다고 했다.

일레인 N. 아론의 《예민한 아이를 위한 부모 수업》에서 아론 박사는 예민한 아이의 부모는 축복을 받은 것이라 표현했다. 예민한 아이로 인해 부모는 더욱 깊은 눈으로 세상을 바라보게 되며, 새로운 종류의 질문에 답하게 되고 보다 넓고 깊은 성찰에 도달한다는 것이다.

솔직히 말하면 나는 아직 그 경지에 도달하지는 못했다. 여전히 예민한 아이는 키우기 어려운 것이 사실이고, 힘이 들 때가 많다. 그러나 한 가지 분명한 것은 예민한 아이가 가진 잠재력은 재능이 될 수 있다는 것이다. 그럼 지금부터 예민한 아이의 마음을 잘 다루는 법에 대해 살펴보도록 하자.

부모를 위한 핵심 요약 노트!

1) 예민함에 대한 관점 바꾸기

예민한 아이를 키우는 부모는 예민함을 긍정적으로 보아야 합니다. 예민함에 대한 부정적인 시선부터 바꾸어야 해요. 설령 남들이 예민함을 부정적으로 인식한다고 해도, 적어도 부모가 내 아이를 바라보는 시선은 그렇지 않아야 합니다.

2) 예민한 기질을 축복으로 만들기

예민한 기질을 잘 활용하면 축복이 될 수 있어요. 예민함은 남들보다 수신 기능이 발달했다는 것이고, 이를 활용하면 예민한 아이들은 남들보다 훨씬 더 강렬한 체험을 누릴 수 있답니다.

3) 예민한 아이를 키우며 부모도 성장합니다

예민한 아이의 부모는 더욱 깊은 눈으로 세상을 바라보게 되며, 새로운 종류의 질문에 답하면서 보다 넓고 깊은 성찰에 도달하게 됩니다.

애착을 통해 정서적인 안정감 주기

《예민한 아이 육아법은 따로 있다》의 저자 나타샤 대니얼스는 아이가 예민한 이유는 불안감 때문이라고 보았다. 아이의 예민함은 유전과 불안증에 관한 가족력, 아이의 정서적 민감성, 감정 문제가 주된 원인이며 양육 방식이 그 불안을 악화시킬 수도, 호전시킬 수도 있다고 말한다.

나는 여러 책을 읽으며 아이의 불안감은 크게 두 가지 방법으로 해소할 수 있다는 생각이 들었다. 첫 번째는 애착을 통해 정서적인 안정감을 주는 것이고, 두 번째는 일관적이고 명확한 태도로 일상의 안정감을 주는 것이다. 애착을 통해 정서적인 안정감을 주는 것은 사실 예민한 아이뿐 아니라 모든 아이에게 필요하다. 하지만 예민한 아이일수록 더 자주 애정과 관심을 표현하는 것이 좋다.

《당신의 아이는 잘못이 없다》의 저자 토머스 보이스 박사는 난초 아이의 육아법으로 무한한 관심과 사랑을 줄 것을 제안했다. 난초 성향의 아이들을 안심시키고 지지하기 위해서는 부모가 차고 넘칠 정도로 관심과 사랑을 쏟아야 한다는 것이다.

아이가 버릇 나빠질까 봐 일부러 애정 표현을 절제하는 경우가 있는데 굳이 그럴 필요가 있을까? 아이의 모든 응석을 받아주라는 이야기가 아니다. 아이가 잘못된 행동을 했을 때 적절한 훈육을 하는 것과 부모가 아이에게 무한한 사랑을 표현하는 것은 별개의 문제이다. 우리가 아이를 낳고 키운다고 해서 저절로 애착이 형성되는 것은 아니지 않은가. 그럼 애착을 형성하는 방법은 무엇이 있을까? 그 전에 애착의 개념부터 살펴보도록 하겠다.

애착이란 아이와 부모(양육자) 사이에 형성되는 친밀한 정서적 유대감을 말한다. 아이가 태어나서 정상적인 감정 발달과 사회적 발달을 하기 위해서는 하나 이상의 주 보호자와 관계를 형성해야 한다. 많은 전문가가 6개월부터 36개월까지가 애착 형성에서 가장 중요한 시기라고 보고 있다. 아기들은 자신에게 민감하고 반응을 지속적으로 잘 해주는 성인과 6개월에서 36개월 사이에 애착 관계를 형성한다. 아기는 친숙한 애착 대상을 하나의 안전 기지로 이용하기 시작하는데, 이 안전 기지를 토대로 주변을 탐험했다가 돌아오는 과정을 반복한다. 이때 부모가 얼마나 민감하게 반응하는지가 애착의 형태를 결정하는 데 영향을 미친다. 민감성, 반응성, 일관성 이 세 가지가 아이와의 애착을 안정적으로 형성하는 대표 특성이라 할 수 있다. 아이의 울음소리를 듣고 아이의 요구를 민감하게 알아차리며(민감성), 아이의 욕구에 적절하게 반응을 보이고(반응성), 양육자의 기분과 상관없이 항상 일관적인 태도를 보이는 것(일관성)이 그것이다.

또한 애착을 강화하는 방법으로 '스킨십과 눈 맞춤'을 들 수 있다. 부모의 애정 어린 스킨십은 옥시토신 분비를 증가시켜 아이에게 편안한 감정과 사랑, 행복감을 느끼게 해준다. 또한 눈 맞춤을 꾸준히 해주면 아이는 비언어적 소통에 대해 배우고 타인과 관계를 형성하는 능력을 키워나가게 된다.

마지막으로 공감 반응을 충분히 해줄 때 애착이 형성된다고 한다. 아이들은 부모의 공감 반응을 통해 부모가 나를 사랑하고 있다는 것을 인지하기 때문에 아이에게 적극적으로 반응해주고, '사랑해'라는 말도 많이 해주는 게 좋다.

아이를 키우다 보면 혼란스러울 때가 많다. 갓난아기 때 자주 안아주면 손을 타니 아이를 안아주지 말라는 말을 듣기도 하고, 아이가 울 때 바로 가지 말고 일부러 오래 기다렸다가 가라는 말을 듣기도 했다. 그럴 때마다 어떻게 해야 할지 몰라 난감했던 기억이 떠오른다. 지금 생각해보면 고민할 필요가 없는 부분이다. 물론 아이를 길들이기 위해서, 엄마가 편하기 위해서 이러한 양육 스킬이 필요할 수도 있지만 아이의 정서적 안정감을 위한 측면만 놓고 본다면, 많이 안아주고 아이에게 민감하게 반응을 하는 것이 좋다는 생각이다.

부모를 위한 핵심 요약 노트!

1) 애착이란?

애착이란 아이와 부모(양육자) 사이에 형성되는 친밀한 정서적 유대감을 말해요. 아이가 태어나서 정상적인 감정 발달과 사회적 발달을 하기 위해서는 하나 이상의 주 보호자와 관계를 형성해야 합니다. 생후 6개월부터 36개월까지가 애착 형성에서 가장 중요한 시기라고 보고 있으며, 이때 주 양육자와의 상호 소통이 애착 형성에 영향을 줍니다.

2) 안정적인 애착을 위해 고려해야 할 세 가지 요소

아이의 울음소리를 듣고 아이의 요구를 민감하게 알아차리며(민감성), 아이의 욕구에 적절하게 반응을 보이고(반응성), 양육자의 기분과 상관없이 항상 일관적인 태도를 보이는 것(일관성)이 안정적인 애착을 형성하는 중요한 요소임을 기억해주세요.

3) 애착을 강화하는 세 가지 요소

- 스킨십 : 부모의 애정 어린 스킨십은 옥시토신 분비를 증가시켜 아이에게 편안한 감정과 사랑, 행복감을 느끼게 해 줍니다.
- 눈 맞춤 : 부모와 눈 맞춤을 꾸준히 한 아이는 비언어적 소통에 대해 배

우고 타인과 관계를 형성하는 능력을 키우게 돼요.

- **충분한 공감** : 아이들은 부모의 공감 반응을 통해 부모가 나를 사랑하고 있다는 것을 인지한다고 해요. 따라서 아이에게 적극적으로 공감해주는 것이 중요합니다.

📌 예민한 아이의 분리 불안 해소하기

아이가 어린이집 담임교사로부터 부적절한 돌봄을 겪은 후 감각 문제와 함께 생긴 또 하나의 문제는 분리 불안이었다. 분리 불안이란 어린아이가 엄마와 떨어지는 것에 불안을 느껴 잠시도 떨어지지 않으려고 하는 것을 말한다. 보통은 생후 7~8개월경에 시작해 14~15개월에 가장 강해지고, 3세까지 지속되는 것으로 알려져 있다.

이런 분리 불안은 도대체 왜 생기는 걸까? 분리 불안은 아이가 주 양육자를 알아보고 애착 관계가 형성되면서 '나에게 잘해주는 사람'과 '낯선 사람'을 구분하기 때문에 시작된다. 그렇기 때문에 분리 불안은 발달 과정에서 정상적으로 나타나는 단계이며 보호자와 애착이 잘 형성되고 있음을 보여주는 과정이라고도 볼 수 있다. 오히려 엄마와 떨어졌는데도 아이가 너무 엄마를 찾지 않는 경우, 엄마와의 애착이 형성되지 않은 것으로 해석하기도 한다. 그러나 분리 불안이 지나치게 심하거나 시간이 지나도 나아지지 않는 것은 문제가 될 수 있다. 이런 문제는 과도한 스트레스, 트라우마에 지속적으로 노출된 아이들이 환경 변화에 적응하지 못하거나 두뇌에서 감정 조절 물질 등이 제 역할을 하지 못할 때 발생한다.

소은이도 어릴 때는 분리 불안이 심한 편이었다. 엄마와 떨어지지 못해서 나는 화장실에 갈 때도 아이를 안고 가야 했다. 특히 외출을 했을 때 잠시라도 다른 사람에게 소은이를 맡길 수가 없었다. 아이가 자지러지게 울었기 때문이다. 보통 다른 엄마들은 아이 엄마들과 만나면 잠시 아이를 맡기고 자리를 비울 수 있었지만 소은이는 늘 나와 함께였다. 유아차에 있는 것도 싫어해서 아기띠를 하고 내가 안거나 업거나, 둘 중 하나였다.

 이렇게 아이가 분리 불안이 심한 경우는 그렇지 않은 아이보다 키우기가 더 어려운 것이 사실이다. 그리고 대다수의 부모들은 분리 불안이 심한 아이를 보며 자신의 양육 방법에 문제가 있는 것은 아닌지, 자기 때문에 아이가 애착 형성에 어려움이 있는 건 아닌지 걱정한다. 나 역시도 마찬가지였다. 나도 보통 엄마들처럼 아이를 대했는데 우리 아이는 유별나게 불안을 많이 느꼈고, 그럴 때마다 괜스레 나에게 무슨 잘못이 있는 것은 아닌지 돌아보게 됐다.

 그러나 분리 불안은 실제로 기질적인 영향이 크다. 뇌에 존재하는 편도체와 해마는 불안과 공포 같은 감정과 스트레스를 조절하는 기관인데, 선천적으로 편도체가 예민하고 흥분을 잘 하는 아이들은 불안과 공포에 매우 민감하다. 이러한 아이들은 어렸을 때 겁이 많고 무서움을 잘 타기 때문에 다른 아이들이 두려움을 느끼지 않는 상황에서도 두려움을 느낄 수 있다. 그러니 이러한 이해 없이 무조건 엄마가 과잉보호를 해서, 부모의 양육 태도에 문제가 있어서 아이가 그렇다는 인식은 제발 삼가주었으면!

물론 부모가 불안함이 많은 경우, 과잉보호를 하였을 때 분리 불안이 지속될 수 있겠으나 그것은 분리 불안이 나타날 수 있는 원인 중 하나일 뿐이다. 보통의 부모라면 두 돌이 안 된 아이를 키울 때 대부분 비슷한 수준의 상호 작용을 하게 될 거라 생각한다. 아이가 어느 정도 연령이 되어야 과잉보호를 한다는 말이 나오지 않겠는가. 그러므로 혹시 아이가 분리 불안이 심하다면 부모는 자신을 책망하기보다는 아이의 기질에 대해 고려해보는 것이 좋겠다. 특별한 경우를 제외하고는 대개 예민하고 낯을 가리는 기질을 타고난 아이가 분리 불안도 심하게 겪는 경우가 많지 않을까.

　이 밖에도 심한 스트레스와 트라우마를 겪을 때 분리 불안이 심해질 수 있는데 소은이의 경우는 여기에도 해당했다. 어린이집 사건 이후 두 돌이 지나고 사라졌던 분리 불안이 다시 찾아왔고, 첫 기관에서 엄마와 너무 잘 떨어졌던 아이는 한동안 엄마와 떨어지지 못했다. 그걸 극복하고 어린이집을 다시 보내기까지 많은 어려움이 있었다. 분리 불안이 너무 심해 가정 보육을 해야 할 상황이었지만 다시 어린이집에 적응할 수 있었던 건, 끝까지 포기하지 않고 소은이에게 맞는 기관을 찾았던 덕분이라 생각한다. 첫 기관에서 일주일 만에 퇴소하고 얼마간 내가 아이를 데리고 있었지만, 분리 불안이 심하다고 해서 집에서 계속 엄마와만 있는 것은 적절한 해결 방법이 아닌 것 같았다. 세상에는 더 좋은 선생님도 많고 더 따뜻한 환경도 있다는 걸 아이에게 알려주고 싶었고, 다행히 여러 노력 끝에 아이들을 진심으로 아끼고 사랑해주는 어린이집을 만나면서 소은이의 분리 불안도 해결되었다. 이 과정에서 엄마와의 헤어짐이 가장 힘든 아이의 특성을 고려하여 돌봄 선생님의 도움을 받아 엄마가 아닌 돌봄 선생님이 아이를 등원하게 하고, 놀이 치료를 엄마와 분리해서 받게 하는 등 세심한 노력을 기울였다. 지금 혹시 분리 불안이 심한 아이를 키우고 있다면 포기하지 말고, 아래 제시하는 여러 가지 방법을 시도해보면 좋겠다.

* 까꿍 놀이

까꿍 놀이는 대상 영속성의 개념을 인지시키는 데 좋은 놀이이다. 대상 영속성이란 존재하는 물체가 어떤 것에 가려져서 보이지 않더라도 그것이 사라지지 않고 지속적으로 존재하고 있다는 것을 아는 능력을 말한다. 까꿍 놀이를 통해 엄마가 눈에 보이지 않아도 엄마가 사라지지 않는다는 것을 알게 되면 아이의 분리 불안도 조금씩 해소될 수 있을 것이다.

* 일정한 시간에 헤어지고 다시 만나기

부모가 아이와 헤어지는 상황에서는 일정한 시간에 헤어지고 다시 만난다는 것을 충분히 인지시켜야 한다. 지금은 헤어지지만 다시 엄마와 만날 수 있다는 것을 아이에게 여러 번 반복해서 알려주고, 약속한 시간에 아이와 꼭 다시 만나야 한다. 이때 어린아이들에게는 시간의 개념이 없기 때문에 몇 시라고 약속하기보다는 행동으로 알려주는 것이 좋다. 예를 들어 "소은이가 밥을 먹고, 낮잠을 자고 일어나면 엄마가 다시 올게" 하는 식으로 아이가 상황을 예측할 수 있도록 해주자.

* 신뢰할 수 있는 타인과의 만남

신뢰할 수 있는 타인과의 만남을 통해 다른 사람들과 자연스럽게 만나고 헤어지는 것을 경험할 수 있도록 도와주는 것이 중요하다. 특히 아이가 믿고 의지할 수 있는 친밀한 사람을 정해두고, 그 사람과 반복해서 만나면서 엄마와 떨어져 있는 시간을 가져보는 것이다. 그렇게 엄마가 아닌 사람과 단둘이 보내는 시간을 조금씩 늘리다 보면 분리 불안 증세는 점점 사라질 수 있다.

* 전문가의 도움 받기

분리 불안이 심한 경우 그 원인과 심한 정도, 동반 문제와 예후 등을 판별하기 위해 여러 검사를 진행할 수 있다. 체질 검사와 발달 검사, 심리 검사와 평가 척도 검사, 뇌 기능 검사와 주의력 검사, 신경 인지 검사 등을 실시하는데 이러한 검사들은 보통 아이가 많이 커서 분리 불안이 줄어들 때가 되었음에도 사라지지 않았을 경우 고려할 수 있다.

부모를 위한 핵심 요약 노트!

1) 가정에서 할 수 있는 방법

가정에서 까꿍 놀이를 통해 엄마가 눈에 보이지 않아도 엄마가 사라지지 않는다는 것을 알게 되면 아이의 분리 불안도 조금씩 해소될 수 있어요. 이 밖에도 부모가 아이와 헤어지는 상황에서는 일정한 시간에 다시 만난다는 것을 충분히 인지시켜주어야 해요. 또 신뢰할 수 있는 타인과의 만남을 통해 다른 사람들과 자연스럽게 만나고 헤어지는 것을 경험할 수 있도록 도와주세요.

2) 전문가가 할 수 있는 방법

아이가 많이 커서 분리 불안이 사라져야 함에도 사라지지 않았을 경우 전문가를 찾아가서 검사를 받는 것도 고려해보세요. 체질 검사와 발달 검사, 심리 검사와 평가 척도 검사, 뇌 기능 검사와 주의력 검사, 신경 인지 검사 등을 통해 아이의 발달상 문제가 없는지 확인할 수 있습니다.

3) 아이의 분리 불안을 엄마의 탓으로 돌리지 마세요

분리 불안은 엄마의 탓이 아니라 타고난 기질 때문일 가능성이 높아요. 엄마의 불안과 과잉보호, 애착이 형성되지 않았을 때 분리 불안이 온다는 말로 상처 받지 않으셨으면 해요. 엄마의 잘못된 양육 태도 때문이라기보다는 타고난 아이의 성향이 예민하고 낯을 가리며 두려움을 많이 느끼는 성격인 경우가 훨씬 많으니까요.

4) 분리 불안이 심하다고 해서 혼자 아이를 감당하려고 하지 마세요

보통은 아이가 분리 불안이 심하면 엄마 껌딱지가 되는 경우가 많은데요. 그렇다고 해서 남편이나 조부모님, 다른 가족에게 아이를 맡기지 않고 혼자서만 감당하려고 하면 엄마가 너무 힘이 들어요. 조금이라도 도움을 줄 수 있는 사람이 있다면 함께 아이를 돌보는 방법을 계속해서 시도해보시길 바라요.

★ 막무가내로 우는 아이를 진정시키는 방법

아이가 네 살 때 있었던 일이다. 아빠와 발레 수업에 간 날. 나는 집에서 두 시간의 자유를 만끽하며 행복해하고 있었다. 그런데 남편으로부터 심상치 않은 문자 메시지가 날아왔다. 남편은 화가 잔뜩 나 있었다. 사건은 발레가 끝나고 마트를 돌다가 장난감 기타를 발견하면서 시작되었다. 소은이는 기타를 너무 갖고 싶어 했는데, 아빠는 전날에도 갖고 싶던 인형을 사주었으니 안 된다고 했던 것이다. 결국 아빠와 소은이가 대치하는 상황이 벌어졌다. 중재자 엄마도 그 자리에 없었으니 어찌할꼬. 결국 이 둘의 대치는 파국으로 치달았다. 소은이는 마트 한복판에서 울음을 터뜨리고, 아빠는 아빠대로 화가 나 언성을 높였다고 한다. 부녀는 한바탕 감정의 소용돌이를 겪고 장난감 기타를 뒤로한 채 집으로 돌아왔고, 돌아오는 차 안에서 소은이는 울다 잠이 들었다는 슬픈 이야기였다.

남편의 이야기를 들으며 유아차에서 잠든 소은이를 보니 머리칼은 젖어서 축축하고, 눈가에는 눈물이 촉촉하게 맺혀 있었다. 엄마의 마음은 안쓰럽다. 힘들었을 남편도 이해가 가고, 욕구가 해결되지 못한 채 울었을 아이의 심정도 이해가 간다. '아이가 깨어나면 어떻게든 내가 잘 설명해줘야지'하고 아이가 깨어나길 기다렸다.

소은이는 평소 낮잠도 잘 자지 않는 '에너자이저'임에도 불구하고 얼마나 울었는지 에너지를 제법 소진한 모양이었다. 잠이 든 지 한 시간 정도 되어도 일어나지 않아 소은이를 깨웠다. 낮잠을 조금만 길게 자도 새벽이 되도록 잠을 자지 않는 후폭풍이 몰려오기에.

"소은아, 일어나봐. 집에 왔어. 엄마야."

유아차에서 잠들어 있던 아이는 눈을 비비고 나를 지그시 바라봤다. 그때 예상치 못한 상황이 발생했다. 방금까지도 평온하게 자고 있던 아이가 갑자기 오열을 하기 시작한 것이다. 절전 모드에 들어갔던 노트북의 덮개를 열면 이전에 열려 있던 창이 그대로 펼쳐지듯, 잠깐 잠들었던 아이는 깨자마자 다시 예전 감정에 매몰되어 정신을 못 차리고 울기 시작했다. 나는 당황스러웠다. 어떻게 이럴 수가 있단 말인가? 아무리 서러웠어도 그렇지, 자고 일어났는데도 그 감정이 해결되지 못하고 응축되어 있다가 다시 터질 수 있다니!

그 후 오랜 시간 아이는 감정을 주체하지 못하고 울었다. 그냥 훌쩍거리는 게 아니고, 정신을 못 차리고 우는 예민한 아이 특유의 울음이 있다. 이렇게 한 번 울기 시작하면 노이즈 캔슬링 이어폰을 낀 것처럼 아무것도 안 들린다. 옆에서 아무리 말을 하고 달래도 소용이 없다는 걸 잘 안다. 아이의 정신세계는 저 멀리 우리 은하계를 벗어난 것처럼 아득히 먼 곳에 가 있다. 감정의 과몰입. 예민한 아이의 특징이다.

또 시작되었구나. 아무리 들어도 적응되지 않는, 엄마를 미치게 하는 아이의 울음. 그동안 아이를 키우며 내가 더 힘들었던 이유는 내가 타인의 감정에 너무나 몰입을 잘하는 감정이입형 인간이기 때문이다. MBTI 성격 검사에서 F(감정)가 100인 사람. 앞에서 누가 울면 따라 울고, 드라마에서 조금만 슬픈 장면이 나와도 어김없이 우는 사람이 바로 나다. 그런데 심지어 그 우는 사람이 내 자식이라면, 감정을 이입하는 정도가 아니라 감정의 일체화가 이루어진다. 말 그대로 혼연일체. 그때부터 나도 아이의 감정을 함께 느낀다. 그러다 보니 아이가 눈이 뒤집혀서 우는 것을 볼 때마다 나도 같이 울고 싶은 심정이 되었고, 아이가 느끼는 슬픈 감정을 고스란히 내가 받아내는 상황이 되풀이되었다. 아이가 태어나기 전에는 몰랐지만 나는 타인의 감정에 무척 예민한 사람이었던 것이다. 다행히 이제는 이렇게까지 우는 일이 예전에 비해 많이 줄었다.

아쉽게도 오늘은 아이가 자신의 감정을 조절하는 데 실패하였구나. 나는 아이의 정신이 돌아오게 하기 위해 이런저런 시도를 하면서도 그게 큰 효과가 없음을 알고 있다. 그래도 아이를 진정시키기 위해 "소은아, 일단 진정해"라는 말을 반복하며 빨대컵에 물을 담아 아이에게 주었다. 그런데 갑자기 아이가 이런 말을 하기 시작했다.

"엄마, 흑흑. 엄마 나… 진정이 안 돼. 엄마, 나 진정이 안 돼."

아이는 울면서 진정이 안 된다는 말을 연거푸 반복했다. 이럴 수가! 아이가 드디어 울고 있는 와중에 내 말을 들은 것이다. 아이가 내 말을 듣고, 저렇게 대답을 하는 것 자체가 이미 반은 진정이 되고 있다는 얘기! 45개월 만에 겪는 놀라운 변화였다. 나는 그 변화가 너무 반갑고 고마워 아이를 꼭 끌어안아주었다. 알고 있다. 아이가 진정을 하고 싶어도 진정이 안 된다는 것을. 하지만 자신이 진정이 안 된다는 것을 자각하고 말로 표현했다는 것만으로도 엄청난 발전이었다.

소은이는 그 후로도 오랫동안 마음을 가라앉히지 못했고, 결국 나는 밤 10시에 아이를 데리고 놀이터로 나갔다. 아이를 진정시키기 위해서는 공기를 바꾸고 환경을 전환시키는 것 외에는 방도가 없다. 소은이가 어릴 때 많이 쓰던 수법이다. 낮이고 밤이고 새벽이고, 우는 아이를 달래고 달래다 안 되면 집에 불이라도 난 것처럼 다 팽개치고 아이를 안고 나갔던 기억이 떠오른다. 달라진 게 있다면 지금은 아이의 손을 잡고 걸어갈 수 있을 만큼 아이가 컸다는 사실이다.

초저녁에 잤으니 어차피 오늘도 12시 안에 잠들긴 틀렸다 싶어 놀이터에서 열심히 두 시간을 놀아주었다. 신선한 공기를 마시고, 바람을 느끼고, 뛰다 보면 아이는 어느새 진정이 된다. 에너지를 쓰면 기분도 나아진다. 예민한 아이는 자신을 둘러싼 환경에도 민감해서, 환경을 바꿔주는 것이 기분을 전환하는 가장 쉬운 방법이기 때문이다. 그리고 에너지가 많기 때문에 반드시 야외에서 활동을 하게 해야 한다. 나쁜 기운을 바깥으로 방출할 수 있게 양육자가 도와주어야 한다.

혹시 예민한 아이의 울음이 감당이 안 되면, 일단 집 밖으로 나가 보라. 집이 아닌 곳이라면 울고 있는 장소에서 벗어나 환경을 바꿔 보길 바란다. 그리고 아이가 자신의 감정에 매몰되지 않도록 옆에서 부모가 계속 도와주자. '훈육을 위해서는 지쳐서 그만 울 때까지 내버려둬야 한다', '아이의 울음을 받아주면 응석이 늘어날까 겁이 난다' 그런 생각일랑 접어두시길. 흔히 아이가 울면 혼자 울음을 멈출 수 있을 때까지 엄마가 기다려야 한다고 하지만, 예민한 아이에게 그 방법을 적용했다가는 끝장을 볼 수도 있다는 것을 기억하자.

물론 예민한 아이도 떼를 쓰는 울음과 진짜 울음은 구분해야 한다. 떼를 쓰며 우는 것과 자신의 감정을 해결하지 못하거나 불안해서 우는 울음은 다르다. 떼를 쓰는 울음은 물론 받아주어서는 안 되며, 부모는 가짜 울음과 진짜 울음을 충분히 구분할 수 있다. 진짜 울음을 판별하는 법 중 하나를 소개한다. 아이의 가슴에 손을 댔을 때 심장이 펄떡펄떡 뛴다면 진짜 울음일 가능성이 높다. 이것은 아이의 감정이 신체적인 반응으로 이어진 것인데, 이때 심장이 엄청 빨리 뛰고 교감신경이 활성화된 모습이 눈에 띄게 나타난다. 예민한 아이가 자신의 감정에 매몰되어 울고 있는데 그걸 그칠 때까지 혼자 내버려두라는 조언은 적절치 않다. 어느 정도 울다가 울음을 그치고 엄마에게 다시 올 거란 기대는 애초에 하지 않는 게 좋다. 만일 아이가 그럴 수 있다면 이미 예민한 아이가 아닌 것이다.

  아이가 예민할수록 감정 몰입에서 빠져나오기란 쉽지 않다. 하지만 이날 소은이가 그랬던 것처럼, 아이가 엄마의 말에 한 마디라도 반응한다면 한 줄기 희망의 빛이 보인다. 그 시기가 언제가 될지는 아이마다 다를 것이다. 예민한 아이도 언젠가는 스스로 분노를 조절하고 울음을 그칠 수 있게 된다. 그러나 예민한 아이를 키우는 부모에게 그 시기가 올 때까지 마냥 기다리라는 것은 너무 가혹하다. 그러므로 앞에 제시한 방법들을 기억해서 아이가 울 때 진정시키는 효과를 볼 수 있었으면 좋겠다.

부모를 위한 핵심 요약 노트!

1) 아이가 진정이 안 될 때는 밖으로 나가거나 다른 곳으로 이동하여 환경을 바꿔주세요

아이가 울면 훈육을 통해 바로잡으려고 하는 분들이 많아요. 하지만 훈육도 진정이 된 다음에 하는 것입니다. 우는 아이에게 아무리 공감을 해주고, 올바른 방법을 가르쳐주어도 아이에게는 아무 말도 안 들리거든요. 일단 아이를 진정시키고 그 후에 공감, 가장 마지막이 훈육입니다.

2) 아이의 가짜 울음과 진짜 울음을 구분해주세요

아이에게는 떼를 쓰는 가짜 울음과 감정이 통제되지 않는 진짜 울음이 있어요. 진짜 울음은 엄마의 적극적인 개입이 필요해요. 훈육을 위해서는 아이가 지쳐서 그만 울 때까지 내버려둬야 한다는 분들이 있지만 예민한 아이에게는 적용하지 않으시길 바라요. 예민한 아이는 그럴수록 더 통제가 되지 않는답니다. 훈육도 아이의 정서가 안정적일 때 하는 것이에요.

3) 다른 양육자가 있다면 일단 그 자리를 피하세요

아이가 너무 심하게 울 때 엄마도 감정을 조절하기 어렵다면, 아이에게 화를 내거나 소리를 지르기 전에 다른 양육자에게 아이를 맡기고 일단 그 자리를 피하는 것이 모두에게 도움이 됩니다.

4) 아이는 나와는 다른 사람! 아이의 마음에는 공감해주되 아이의 감정에 함께 매몰되지 말기를

만일 아이와 단둘이 있는 상황이라면 아이의 감정에 매몰되지 않게 엄마도 필사적인 노력이 필요합니다. 아이의 감정에는 공감해주되 아이와 같이 슬퍼하거나 분노하지 않길 바라요. 아이는 나와 다른 사람입니다. 아이의 감정을 읽어주는 것과 아이의 감정에 내가 휩쓸리는 것은 달라요.

📌 예민한 아이의 훈육은 달라야 한다

예민한 아이를 훈육하려면 어떻게 해야 할까? 아이를 훈육하는 것은 평범한 아이를 키우는 부모에게도 쉽지 않은 문제이다. 하물며 예민한 아이는 오죽할까.

《예민한 아이 육아법》의 저자 엄지언은 아이를 통제하지 말고 훈육하라고 말한다.

> 예민한 아이는 통제당하기 쉽다. 아이의 부정적인 감정이 어른을 괴롭게 하기 때문이다. 아이가 울고 떼를 쓰면 사람들은 힘들어한다. 어서 제거해야 할 문제 행동으로 생각한다. 아이를 긍정적으로 훈육하는 것은 상당한 인내를 필요로 한다. 그러한 아이의 울음과 화를 담담히 받아내고 소화시켜야 하기 때문이다. 웬만한 내공이 아니고서야 힘든 일이다.
> 《예민한 아이 육아법》[10] 중에서

물론 예민한 아이뿐 아니라 모든 아이에게 부모는 통제보다 긍정적인 훈육을 해야 한다. 그러나 특히 예민한 아이들은 위에서 보았듯이 더 자주, 더 빈번하게 통제당하기 쉬운 환경에 노출된다. 그리고 이러한 환경에 보통 아이들보다 더 민감하게 반응한다. 앞에

---

[10] 엄지언, 《예민한 아이 육아법》, 굿위즈덤, 2020

서 엄지언 작가가 말한 통제당하기 쉽다는 것은 통제하기 쉽다는 것이 아니라 통제를 당할 환경에 많이 처한다는 의미이다. 애석하게도 예민 아이를 통제하기란 쉽지 않다. 아이의 부정적인 반응을 통제하면 보통의 아이가 순응하는 것과 달리 예민한 아이는 더욱 폭발적으로 분노를 표출한다. 쉽게 말해서 야단쳐서 말을 듣는 아이가 있는 반면, 예민한 아이는 야단치면 더욱 엇나가고 삐뚤어진다고 해야 할까. 결국 통제당할 가능성은 높은데 통제가 되지 않는 아이러니한 상황에 처하게 되면서 부모도, 아이도 힘들어지는 악순환이 반복된다.

예민한 아이를 훈육하려면 훈육 전에 '감정 수용이 먼저'라는 걸 강조하고 싶다. 예민한 아이는 특히 강압적으로 통제하지 말고 긍정적인 훈육을 해야 하며, 훈육을 위해서는 아이의 감정을 먼저 읽어주고 수용하는 단계가 필요하다. 결과에 초점을 맞추기보다 왜 그런 행동을 했는지 아이의 마음을 들여다보고, 그 안에 숨은 욕구를 찾아 이해하려고 노력해보자. 예를 들어 아이가 잘못된 행동을 했을 경우 아이의 부정적인 행동에 초점을 맞추어 혼을 내기 전에 왜 그런 행동을 했는지 아이와 먼저 대화를 나누고, 아이의 마음을 언어로 표현해주는 것이다. 그리고 "○○이의 마음은 이랬구나. 하지만 그렇게 한 것은 잘못된 행동이야. 앞으로는 그렇게 행동하지 말고 이렇게 말해보는 건 어떨까?" 하고 아이의 감정에 공감해주고, 긍정적인 행동 방향을 제시해주는 것이 중요하다. 그래서 소아정신과 최치현 교수는 그의 저서 《예민한 아이 잘 키우는 법》에서 예민한 아이에게 딱 하나만 챙긴다면 그것은 공감이라고 표현을 했는지도 모르겠다. 앞에서 아이가 예민한 이유는 불안 때문이며 불안한 아이에게는 안정감을 주어야 한다고 했다. 최치현 교수도 이와 같은 맥락에서 아이에게 안정감을 전달하는 방법으로 판단과 설명보다는 공감과 격려가 가장 효과적이라 말한다. 그리고 아이의 긍정적인 변화나 강점에 주목하여 아이를 칭찬할 것을 강조했다. 내 아이를 판단하기보다는 공감하고, 아이를 긍정하고, 구체적으로 칭찬하는 것이 핵심이다.

부모를 위한 핵심 요약 노트!

1) 훈육 전에 감정 수용이 먼저

예민한 아이는 특히 강압적으로 통제하지 말고 긍정적인 훈육을 해야 하며, 훈육을 위해서는 아이의 감정을 먼저 읽어주고 수용하는 단계가 필요해요. 결과에 초점을 맞추기보다 왜 그런 행동을 했는지 아이의 마음을 들여다보고, 그 안에 숨은 욕구를 찾아 이해하려고 노력해주세요.

2) 아이와 대화를 나눌 때는 아이의 감정을 읽어주세요

아이의 부정적인 행동에 초점을 맞추기보다 왜 그런 행동을 했는지 대화를 나누고, 아이의 마음을 언어로 표현해주는 것이 좋아요. "○○이의 마음은 이랬구나. 하지만 그렇게 한 것은 잘못된 행동이야. 앞으로는 그렇게 행동하지 말고 이렇게 말해보는 건 어떨까?" 하고 아이의 감정에 공감해주고, 긍정적인 행동 방향을 제시해주는 것이 좋습니다.

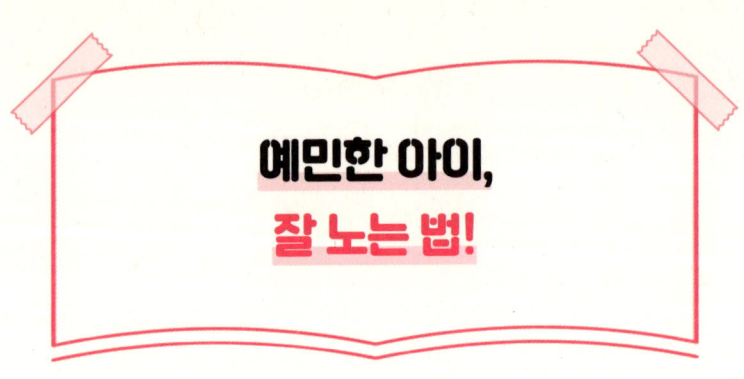

📌 **놀이는 발달의 초석**

토머스 보이스 박사는 그의 저서 《당신의 아이는 잘못이 없다》에서 난초 아이의 놀이, 공상, 상상의 재미가 지닌 엄청난 가치를 마음에 새길 것을 당부한다. 민들레든 난초든 모든 아이는 놀이에서 양분을 얻지만 모든 것을 예민하게 인식하는 난초 아이들에게 놀이는 잠시나마 한숨을 돌리게 해주는 매력적인 휴일과도 같다고 비유한 것이 인상적이다. 그렇기에 예민한 아이들은 놀이가 주는 유익함을 최대한 이용해야 한다.

그러면 구체적으로 어떻게 놀이를 이용해야 할까? 아이에게 무조건 "놀아!"라고 한다고 해서 아이가 잘 노는 것은 아니다. 특히 예민한 아이들은 놀이를 할 때에도 혼자 못 놀고 엄마에게 매달리는 경우가 많다. 소은이는 놀이터나 키즈카페에 가서도 친구가 없으면 나에게 역할을 주고, 엄마와 상호 작용하며 놀기를 바란다. 이때 해답은 아이가 몰입하면 놀 수 있는 환경을 만들어주는 것이다.

《별난 아이가 특별한 어른이 된다》의 저자 앤드루 풀러(Andrew Fuller)는 도전과 능력을 변수로 하여 몰입의 상관관계를 밝혀냈다. 앤드루 풀러가 말하는 '행복에 이르는 길' 그래프를 보면 몰입은 능력과 도전 과제의 난이도가 일치하는 접점에서 일어난다.[11]

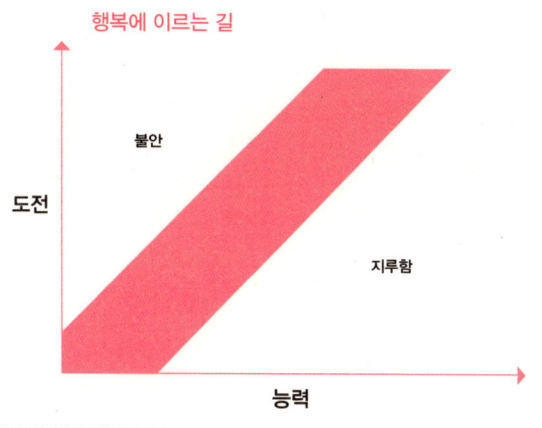

---

11) 앤드루 풀러 《별난 아이가 특별한 어른이 된다》, 사람in, 2011

아이들은 자신의 능력이 도전 과제보다 크면 지루함을 느끼고, 능력이 도전 과제보다 작으면 불안함을 느낀다. 특히 TCI 기질검사 상 '자극추구'와 '위험회피' 항목이 둘 다 높은 아이들은 하고는 싶은데 불안해서 못 하는 딜레마 상황에 놓이면서 불안과 지루함이 극에 달한다. 그래서 아이는 끊임없이 "심심해", "지루해"를 외치거나 "난 못해", "어려워"를 외치며 엄마에게 매달린다.

앤드루 풀러에 따르면 세상은 별난 아이들을 항상 실망시키는데 그 이유는 세상이 도전과 보상을 주는 믿을 만하고 공정한 제공자가 아니기 때문이다. 결국 아이들은 그럴 때 부모가 자기가 원하는 도전을 제공해주거나 만족스러운 상호 작용을 통해 자신에게 반응해주기를 원한다. 물론 아이와 부모의 상호 작용은 중요하지만 이것은 별개의 문제이다. 아이가 스스로 놀지 못하고, 항상 부모와 상호 작용을 해야 몰입한다면 받아주는 부모도 힘들뿐더러 아이의 발달에도 좋지 않다.

가장 좋은 방법은 아이가 스스로도 놀 수 있도록 부모가 아이의 능력에 맞는 적절한 과제를 제공해주는 것이다. 예를 들면 아이가 관심을 가질 만한 놀잇감을 준비하고, 아이에게 놀이를 하는 시범을 보여주거나 발문을 통해 흥미를 유발하는 것도 좋다. 이렇게 환경을 조성한 뒤 어느 순간 아이가 놀이에 몰입하게 되면 부모는 슬그머니 그 자리에서 빠져나오면 된다.

나의 아이가 예민하다면 부모는 세심한 관찰을 통해 좀 더 적극적으로 아이가 좋아하고 잘하는 일이 무엇인지 찾아볼 필요가 있다. 아이가 푹 빠져서 몰입할 수 있는 일을 찾아보자. 그럼 아이의 불안과 두려움은 낮아지고, 아이는 자신의 재능을 더욱 맘껏 펼칠 수 있을 것이다.

부모를 위한 핵심 요약 노트!

1) 놀이는 발달의 초석

모든 것을 예민하게 인식하는 난초 아이들에게 놀이는 잠시나마 한숨을 돌리게 해주는 매력적인 휴일과도 같습니다. 그렇기에 예민한 아이들은 특히 놀이가 주는 유익함을 최대한 이용하고, 놀이를 발달의 초석으로 참아야 합니다.

2) 아이가 몰입할 수 있는 환경과 아이의 능력에 맞는 적절한 과제를 제공하기

아이들은 자신의 능력이 도전 과제보다 크면 지루함을 느끼고, 능력이 도전 과제보다 작으면 불안함을 느낍니다. 따라서 부모는 세심한 관찰을 통해 좀 더 적극적으로 아이가 좋아하고 잘하는 일이 무엇인지 찾아볼 필요가 있습니다. 아이가 푹 빠져서 몰입할 수 있는 일을 찾아서 아이의 능력에 맞는 적절한 과제를 제공해주세요. 그리고 나서 어느 순간 아이가 놀이에 몰입하게 되면 부모는 그 자리를 빠져 나와 아이가 혼자 놀 수 있도록 기회를 주는 것도 잊지 마세요.

🌟 경계선을 설정하고 유지하기

《예민한 아이의 특별한 잠재력》의 저자 롤프 젤린은 아이가 예민할수록 부모는 명확히 경계선을 유지해야 한다고 말했다. 아이들에게는 영역과 경계선이 있는데 영역이란 각자가 지닌 상상력을 마음껏 펼치며 자유를 누리는 동시에 스스로 책임을 지닌 공간을 말한다. 그리고 아이가 커가면서 점점 아이의 경계선이 확장되는데 이때 경계선이 불분명할 경우 아이는 혼란을 겪게 된다고 한다.

롤프 젤린에 따르면 경계선이 지나치게 협소하면 부모가 과잉보호를 하게 되고, 지나치게 광범위하면 너무 많은 자유를 허용하게 되는 문제가 생긴다. 그는 가족 간에도 경계선은 필요하며 부모와 아이는 서로에게 연결되어 있으므로 한쪽의 안녕만 충족될 경우 다른 한쪽의 안녕은 제대로 보장될 수 없다고 보았다. 그에 따르면 부모는 아이들의 경계선을 존중하고 주의를 기울여야 하며, 명확하고 식별 가능한 경계선을 설정해야 한다.

좀 더 쉽게 예를 들면 아이가 잠자리에 들지 않고 더 놀고 싶어 하거나, 텔레비전을 보고 싶다고 조르거나, 군것질거리를 사달라고 떼를 쓸 때 대부분의 부모는 경계선을 무너뜨리고 아이에게 항복하고 만다. 그러나 그러고 나면 다음번에는 경계선을 설정하기가 더욱 어려워진다. 그러므로 부모는 아이에게 경계선을 효과적으로 알리고, 단호한 태도를 보여야 하는 상황과 그렇지 않은 상황을 구분하여 경계선을 조절해야 한다. 롤프 젤린은 그의 저서에서 상호 존중에 기반을 두고 영역과 경계선의 합의를 위해 대화를 나눌 것을 제시하고 있다.

《예민한 아이 육아법은 따로 있다》의 저자 나타샤 대니얼스는 같은 맥락으로 건전한 경계선을 만들어줄 것을 조언한다. 특히 자신의 요구를 제한당하는 것을 힘들어하는 예민한 아이일수록 건전한 경계선이 필요하다고 한다.

부모를 위한 핵심 요약 노트!

1) 경계선이란?

아이들에게는 영역과 경계선이 있는데 영역이란 각자가 지닌 상상력을 마음껏 펼치며 자유를 누리는 동시에 스스로 책임을 지닌 공간을 말해요. 그리고 아이가 커가면서 점점 아이의 힘과 능력이 미치는 곳까지 영역이 확장되며, 경계선은 그 영역이 어디까지인지 구분을 지어주는 역할을 하게 됩니다. 이때 경계선이 불분명할 경우 아이는 혼란을 겪게 된다고 합니다.

2) 명확하고 식별 가능한 경계선을 설정하기

경계선이 지나치게 협소하면 부모가 과잉보호를 하게 되고, 지나치게 광범위하면 너무 많은 자유를 허용하게 되는 문제가 생깁니다. 부모는 아이들의 경계선을 존중하고 주의를 기울여야 하며, 명확하고 식별 가능한 경계선을 설정해야 하는데요. 부모는 아이에게 경계선을 효과적으로 알리고, 단호한 태도를 보여야 하는 상황과 그렇지 않은 상황을 구분하여 경계선을 조절해야 합니다.

📌 놀이할 때 다른 아이를 세게 밀친다면? - 내부 감각 문제 점검하기

나타샤 대니얼스는 《예민한 아이 육아법은 따로 있다》에서 감각 문제는 아이가 어찌하지 못하는 문제로 이름 붙이고, 별도의 챕터를 할애하여 감각 문제에 대해 다루고 있다. 그리고 시각이 과민한 아이, 청각이 예민한 아이, 촉각이 예민하거나 둔감한 아이, 후각이 민감한 아이, 미각이 예민하거나 둔감한 아이, 몸의 균형 능력이 부족하거나 넘치는 아이, 몸놀림이 어색하거나 둔한 아이로 감각 문제를 분류하였다.

시각과 청각, 촉각과 후각, 미각에 대해서는 앞에서 구체적으로 다루었고, 여기서는 내부 감각 문제인 몸의 균형 능력이 부족하거나 넘치는 아이, 몸놀림이 어색하거나 둔한 아이 부분을 자세히 살펴보고자 한다. 이러한 것들을 알아야 예민한 아이가 수월하게 놀 수 있기 때문이다.

인간의 감각은 외부 감각과 내부 감각으로 나뉘고, 내부 감각에는 전정 감각과 고유수용성 감각이 있다. 이 중 전정 감각이 과민한 아이는 잦은 멀미로 고통을 받으며 몸이 위아래로 뒤집히면 공황 상태에 빠질 수 있다. 그래서 이러한 아이들은 교통수단이나 놀이 기구를 타지 않으려 한다.

반대로 둔감성이 있는 아이는 움직임에 자극을 받지 않아서 오히려 계속 그러한 자극을 찾을 수 있는데, 누군가가 자신을 공중에 던져주거나 뱅글뱅글 돌려주는 것을 무척 좋아하는 아이라면 전정 감각이 둔감하다고 볼 수 있다. 전정 감각이 예민한 아이는 놀이기구를 타는 것을 힘들어 하므로, 억지로 태우는 것이 좋지 않으며 전정 감각이 둔감한 아이는 놀이 기구 중에서도 뱅글 뱅글 돌아가는 놀이기구를 좋아할 수 있으니 참고하자.

다음으로 고유 수용 감각에 대한 이야기이다. 아이가 어린이집이나 유치원에서 자주 부딪치거나, 놀이할 때 다른 아이를 세게 밀친다면 고유 수용 감각에 문제가 있을 수 있다. 고유 수용 감각은 신체의 움직임과 자세에 관한 피드백을 제공하기 때문이다.

주변에서 아이가 유난히 차를 타지 못하거나, 다른 아이를 세게 밀쳐서 어린이집에서 고충을 겪는 엄마들을 흔히 만난다. 모두가 그렇다고 말할 수는 없지만 혹시 내 아이가 이런 부분이 민감하다는 것을 알고 대하는 것과 아예 모르는 것에는 큰 차이가 있을 것이다.

부모는 인지하지 못하지만 실제로는 많은 아이가 감각 문제를 겪고 있을 수 있다. 그러므로 이러한 감각 문제를 점검하여 혹시 내 아이에게 감각 문제가 없는지 살펴보고, 아이 스스로 이러한 감각을 처리할 수 있도록 도와주는 것이 필요하다.

부모를 위한 핵심 요약 노트!

1) 놀이를 할 때는 아이의 내부 감각에 주목하세요

인간의 감각은 외부 감각과 내부 감각으로 나뉘고, 내부 감각에는 전정 감각과 고유수용성 감각이 있어요. 몸의 균형 능력이 부족하거나 넘치는 아이, 몸놀림이 어색하거나 둔한 아이는 내부 감각이 지나치게 민감하거나 둔감한 것일 수 있습니다.

2) 전정 감각이 예민할 경우

전정 감각이 과민한 아이는 잦은 멀미로 고통을 받으며 몸이 위아래로 뒤집히면 공황 상태에 빠질 수 있어요. 그래서 이러한 아이들은 교통수단이나 놀이기구를 타지 않으려 하지요.

3) 고유 수용성 감각에 문제가 있는 경우

아이가 어린이집이나 유치원에서 자주 부딪치거나, 놀이할 때 다른 아이를 세게 밀치다면 고유 수용 감각에 문제가 있을 수 있어요. 고유 수용 감각은 신체의 움직임과 자세에 관한 피드백을 제공하기 때문이지요.

4) 감각 문제 확인하기

부모는 인지하지 못하지만 실제로는 많은 아이가 감각 문제를 겪고 있을 수 있어요. 그러므로 이러한 감각 문제를 점검하여 혹시 내 아이에게 감각 문제가 없는지 살펴보고, 아이 스스로 이러한 감각을 처리할 수 있도록 도와주는 것이 필요합니다.

✦ 다양한 신체 활동으로 에너지 발산하기

　기본적으로 예민한 기질의 아이는 에너지가 높다. 아이가 어릴 때는 이게 너무 힘들었다. 부모의 체력은 바닥인데 아이의 에너지는 고갈이 되지 않기 때문이다. 에너지가 높은 예민한 아이는 하루 종일 놀고도 지치는 법이 없다. 다른 아이들은 밥을 먹으며 졸거나, 놀다가 어느 순간 보면 자고 있다고 하지만, 소은이에게 그런 일은 일어나지 않았다.

　특히 다른 가족들과 같이 여행을 가면 그 차이를 실감하게 되는데, 다른 아이들이 모두 지쳐 잠이 드는 밤에도 소은이는 말똥말똥 새벽까지 잠을 자지 않는다. 정신력으로 버티는 건지, 체력이 좋은 건지, 아이는 아주 어릴 때부터 지금까지 잠이 없었고, 그게 소은이를 키우며 우리 부부가 가장 힘들었던 것 중 하나이다. 그래서 나는 어느 순간부터는 아이의 이런 체력과 에너지를 다른 곳에 활용하기로 했다. 바로 신체를 많이 움직이고, 에너지를 발산하는 다양한 경험을 하기로 한 것. 그래서 소은이는 일곱 살인 지금 발레, 방송 댄스, 수영, 인라인 스케이트 등을 배우고 있는데 그렇게 운동을 하고도 전혀 피곤한 기색이 없다. 이쯤되면 이렇게 넘치는 에너지로 운동 선수를 해야 하는 게 아닐까 싶을 정도.

　소은이가 일곱 살 인생 처음으로 인라인 스케이트를 배운 날이 떠오른다. 소은이에게는 스피드스케이팅 선수로 활동하고 있는 초등학생 사촌 오빠가 있는데 그날 사촌 오빠 집에 놀러갔다가 우연히 스케이트를 신어보게 되었다. 그날 무더운 날씨에서도 땀을 뻘뻘 흘리며 몇 시간이고 스케이트장을 돌던 아이의 모습이 무척 인상 깊었다. 무더위에 아이의 볼은 빨갛게 달아오르고, 머리카락은 땀에 흠뻑 젖었지만 아이는 넘어지고, 또 일어서고를 반복하며 지칠 줄 몰랐다. 그런 소은이의 모습을 보고, 사촌 오빠 내외도 진지하게 운동을 시켜보라고 할 정도였으니.

그날 이후 나는 바로 인라인 스케이트 강습을 알아보고 수업을 등록했다. 물론 아이를 운동 선수로 키우겠다는 결심이 선 것은 아니다. 아이가 스케이트를 타며 끝없이 도전하고 집중하고 몰입하는 모습이 예뻤고, 만에 하나 운동에 재능이 있다면 그 소질을 키워주고 싶었을 뿐이다.

에너지가 높은 아이를 데려다가 책상 앞에 앉혀두고 공부만 시키는 것은 어리석다. 특히 아이가 어릴수록 에너지를 발산할 수 있는 다양한 신체 활동을 하는 것이 좋다. 주말에 가족과 함께 하는 등산이나 숲 체험 같은 활동도 예민한 아이의 에너지를 발산시키는 데 큰 도움이 될 것이다.

부모를 위한 핵심 요약 노트!

1) 예민한 기질의 아이는 에너지가 높아요

예민한 아이는 기본적으로 에너지가 높아요. 예민한 아이를 키울 때 부모의 에너지와 체력이 뒷받침되지 않기 때문에 육아가 힘든 것입니다. 이 점을 기억한다면 아이가 잠을 자지 않는 것도 조금은 이해가 될 거예요.

2) 예민한 아이에게 다양한 신체 활동과 외부 활동은 필수

에너지가 높은 아이를 데려다가 책상 앞에 앉혀두고 공부만 시키는 것은 어리석어요. 특히 아이가 어릴수록 에너지를 발산할 수 있는 다양한 신체 활동을 하는 것이 좋습니다. 주말에 가족과 함께 하는 등산이나 숲 체험 같은 활동을 추천합니다.

예민한 아이에게 잠재된
특별한 재능 살리기

특별한 인지 능력과 창의력

독일 최고의 관계 심리 전문가 롤프 젤린(Rolf Sellin)은 그의 저서 《예민한 아이의 특별한 잠재력》에서 예민한 아이에게는 특별한 능력이 있다고 보았다.

예민한 사람은 남을 잘 이해하고, 관심사를 쉽게 포착하며, 그들이 필요로 하는 것을 매우 정확하게 파악한다. 또 보통 사람들이 쉽게 놓치는 숨은 의미나 뉘앙스를 알아채 말하지 않은 것까지 간파할 때도 있다. 누구는 어떤 태도로 대하는 것이 가장 좋고 누가 신뢰할 만한 사람인지 판단할 수 있는 것이다.
- 《예민한 아이의 특별한 잠재력》[12] 중에서

특히 그는 예민한 아이의 특별한 인지 방식에 대해 언급했다. 예민한 아이는 더 많은 것을 한층 강렬하게 인지하는 예리한 관찰자인데 강렬한 인지를 통해 음악이나 문학, 예술을 접했을 때 보통 사람보다도 더 강렬한 체험을 한다고 보았다.

예민한 아이는 인지적 처리 능력이 우수할 뿐 아니라, 감각 지능 또한 높은 것으로 알려져 있다. 감각 지능이란 오감(시각, 청각, 촉각, 미각, 후각)을 구사하고 다양한 정보를 민감하게 받아들일 수 있는 능력이다. 오감으로 다양한 것을 느끼는 예민한 아이는 감각이 좋고 표현력이 풍부한 어른으로 성장한다.

예민한 아이는 창의력 또한 높은데 창의력도 결국 인지와 관련이 있기 때문이다. 창의성과 인지 능력은 인간의 지능에서 밀접하게 상호 연결된 두 가지 측면으로 우리의 생각, 행동 및 전반적인 정신 복지를 형성하는 데 중요한 역할을 한다.

창의성은 종종 새롭고 가치 있는 아이디어, 문제해결력 또는 무언가를 새롭게 창조하는 능력으로 정의된다. 반면에 인지적 능력

---

[12] 롤프 젤린, 《예민한 아이의 특별한 잠재력》, 길벗, 2016

은 우리가 정보를 생각하고, 추론하고, 학습하고, 기억하는 능력의 기초가 되는 정신적 과정을 말한다. 여기에는 주의력, 기억력, 언어 및 문제 해결과 같은 기술이 포함된다.

언뜻 보기에 이 두 능력은 관계가 없어 보이지만 창의성과 인지 능력 사이에는 강한 연관성이 있다는 연구 결과가 있다. 연구에 따르면 더 높은 인지 능력을 가진 개인은 정보를 처리하고, 다른 생각을 연결하고, 문제에 대한 독창적인 해결책을 생각하는 능력이 더 뛰어나기 때문에 더 창의적인 경향이 있다고 한다.

반대로, 낮은 인지 능력을 가진 사람들은 정보를 처리하고, 관계를 형성하고, 새로운 아이디어를 생각하는 데 어려움을 겪을 수 있기 때문에 창의적으로 생각하는 데 어려움을 겪을 수 있다.

예민한 아이들은 외부 자극뿐 아니라 내부 자극에도 민감하기 때문에 새롭게 보고 다르게 생각하는 경향이 크다. 또 다양한 상황을 깊이 있게 이해하고 서로 다른 주제를 연결하여 문제를 해결하는 창의력을 발휘한다. 결국 정리하면 예민한 아이의 뛰어난 감각 지능과 관찰력은 예민한 아이의 창의력과 특별한 인지 방식에 영향을 주며, 예로부터 예민한 아이들이 똑똑하다는 말이 괜한 말이 아닌 셈이다.

나 역시 소은이를 키우면서 자주 들었던 말이 '예민한 아이들은 커서 공부를 잘한다'였다. 처음에는 이런 말들이 단지 나를 위로하기 위해서 하는 말이라 생각했다. 예민한 아이는 잠이 적고, 잠이 적으면 공부할 시간이 많으니 '예민한 아이들이 공부를 잘하나 보다'라고 웃어넘겼다. 그런데 여러 전문가의 책을 통해 예민한 아이의 특별한 잠재력을 보았고, 아이 스스로 예민함을 잘 조절할 수만 있다면 예민한 아이는 특별한 인지 방식과 창의력을 바탕으로 성공하는 아이로 자랄 확률이 높다는 생각이 들었다. 지금부터는 아이가 예민하다는 말을 창의적이고 지능이 뛰어나다는 말로 받아들여 보자. 그럼 힘든 육아가 조금 더 수월해질지도 모른다.

세심한 관찰력과 남다른 감수성

　앞에서 말한 것처럼 예민한 아이는 오감이 발달하여 주변의 세부 사항을 더 주의 깊게 관찰하고 인식할 수 있다. 그러니 당연하게도 남다른 감수성을 지니고 있는데 감수성이란 외부 세계의 자극을 받아들이고 느끼는 성질을 말한다. 예민한 아이는 감수성이 예민하여 남들보다 더 많은 자극을 받아들인다.

　최치현 교수는 《예민한 아이 잘 키우는 법》에서 예민한 아이는 오감이 발달하다 보니 외부 자극을 민감하게 느끼고 세밀하게 파악하여 작은 것에도 더 행복하고 감사할 수 있다고 보았다.

> 다른 아이들은 세상을 일반 모니터로 본다면 예민한 아이는 초고속 해상도 모니터로 보는 것과 같습니다. 소리도 일반 음질이 아닌 고음질로 듣습니다.
> 작은 새소리, 물 흐르는 소리에서도 아름다움을 느끼고 기뻐합니다. 바람에 실린 아카시아꽃 향기를 즐길 줄도 알고 따사로운 봄볕을 쬐며 행복해합니다. 밤하늘에 반짝이는 수많은 별, 서쪽 하늘에 붉게 물든 노을을 보며 감탄하기도 하죠.
> ― 《예민한 아이 잘 키우는 법》[13] 중에서

예민한 아이를 키운 내 경험에 비추어 보면 이것은 정말 맞는 말이다. 그 예민함 때문에 키우면서 힘들기도 했지만 소은이가 보고 듣고 느끼는 세상은 남달랐다. 문득문득 소은이가 하는 반짝이는 말들은 보석처럼 빛났다. 나는 소은이가 세상을 세심하게 관찰하고, 기발한 상상력과 창의력으로 소소한 것에서 기쁨을 발견하는 것을 경험했다. 최치현 교수의 말대로 소은이는 작은 예술가이자 꼬마 철학자이자 몽상가였다. 내가 육아 에세이 《아이는 말하고, 엄마는 씁니다》를 쓸 수 있었던 것은 사실은 소은이가 예민한 아이였기 때문에 가능한 일이었을지도 모른다. 아이는 예민했지만 세심한 관찰력을 지녔으며, 남다른 감수성과 창의적인 표현력으로 나를

---

[13] 최치현, 《예민한 아이 잘 키우는 법》, 유노라이프, 2021

기쁘게 했다. 나는 아이가 하는 말들을 흘려버리지 않기 위해 기록을 하기 시작했고, 그 기록이 한 편의 시가 되고, 책이 되고, 마침내 우리의 역사가 되었다. 그렇게 이 책은 소은이와 내가 같이 쓴 책이기에, 나는 아이에게 꼬마 작가라는 애칭을 붙여주었고, 아이는 자신이 작가라는 사실을 퍽 자랑스러워했다. 그리고 커서 어른이 되면 자기도 엄마처럼 글을 쓰는 작가가 되고 싶단다. 여섯 살 아이가 시를 쓰고, 이야기를 만들고, 작가의 꿈을 꾼다는 건 세상에 대한 세심한 관찰력과 남다른 감수성이 있기에 가능한 일이 아닐까. 중요한 것은 아이의 이런 재능을 발견하고 발현시키주는 것은 부모의 몫이라는 점이다. 내가 만일 아이가 하는 말에 귀를 기울이지 않았다면 어땠을까. '구슬이 서 말이어도 꿰어야 보배다.'라는 말이 있듯이, 아이의 잠재된 재능을 발견하고, 보배로 만드는 건 부모의 관심과 사랑이다.

숨겨진 공감 능력과
대인관계 능력

예민한 아이들은 다른 사람의 사소한 말투, 미묘한 표정 변화를 금방 알아채고 그 사람의 기분을 파악하는 능력이 뛰어나다. 즉 타인의 감정 변화를 감지하고 감정에 깊이 공감할 수 있는 특별한 능력을 지니고 있다. 이러한 능력을 공감 능력이라 한다. 공감 능력이란 다른 사람의 감정과 경험을 이해하고 그것에 반응하는 능력이다. 이는 우리의 사회적 상호작용에서 중요한 역할을 하며, 우리의 인간관계와 그 사이에 형성되는 감정적 연결에 큰 영향을 미친다. 나아가 다른 사람들과 관계를 맺고 다른 사람들의 생각과 감정을 이해하는 능력인 대인관계 능력에도 영향을 미친다. 공감 능력이 좋은 사람은 대인관계 능력 또한 좋을 가능성이 높다. 그렇다면 예민한 아이들이 공감 능력이 높은 이유는 뭘까? 바로 앞에서 말한 뛰어난 관찰력 덕분이다. 예민한 아이들은 상대방의 기분 변화를 빠르게 눈치채며 어떤 행동을 해야 상대방이 만족하는지도 직관적으로 파악할 수 있다. 그래서 예민한 아이들은 눈치 있게 행동하여 예의 있고 배려가 넘친다. 한 연구에 따르면 사람들의 표정을 관찰하는 과정에서 예민한 사람들의 뇌는 가장 높은 수준의 공감 반응을 보였다고 한다. 이처럼 예민한 아이들은 덜 예민한 아이들보다 공감 능력이 뛰어나며 이는 그들이 타인의 감정을 더 깊이 이해하고 공감할 수 있다는 것을 시사한다. 결국 예민한 아이의 이러한 공감 능력은 사람들의 감정과 생각을 잘 읽어내는 능력으로 발전해서 아이의 사회적 상호 작용에도 긍정적인 영향을 줄 것이다.

흔히 예민하다고 하면 남에게 까칠하게 구는 것을 떠올리지만 사실은 그 반대이다. 진짜 예민한 사람들은 다른 사람의 감정과 마음을 중요하게 생각하기 때문에 사실 남에게 까칠한 말과 행동도 하지 못하기 때문이다. 그래서 예민한 아이들은 남의 기분을 살피고, 불편한 관계를 참지 못하기에 종종 그것을 울음으로 표현하는데 이러한 감정의 민감성이 예민한 아이들이 까칠하다는 오해를 받게 하곤 한다.

만일 자신의 아이가 남의 눈치를 많이 보고, 지나치게 다른 사람의 기분과 생각에 민감하게 반응한다면 소심해 보이는 아이의 겉모습에 속상해하지 말고, 이것이 훗날 아이의 잠재력으로 발휘될 것이라 상상해보자. 그리고 아이에게 모든 사람의 기분을 맞추치 않아도 괜찮다는 점을 알려주고, 남의 기분을 상하게 하지 않으면서 자신의 감정을 전하는 법, 다른 사람의 부정적인 평가에도 상처받지 않는 법 등을 가르쳐주면 좋겠다. 그런 훈련을 받은 아이는 자라면서 숨겨진 공감 능력과 대인관계 능력을 발휘하여 학교에서든, 사회에서든, 사랑받는 사람으로 성장해나갈 것이다.

뛰어난 표현 능력과 예술적 재능

　예민한 아이들은 음악, 미술, 문학 등 예술 분야에서 창의성을 발휘한다. 최지현 교수는 그의 저서에서 예민한 아이들은 다른 사람에게는 평범하게 느껴지는 것에서도 예술적인 경험을 하게 되고, 그러다 보니 예술적인 영역에서 두각을 나타낼 수 있다고 하였다.
　엄지언 작가는 그의 저서 《예민한 아이 육아법》에서 예민한 아이는 표현 능력이 뛰어나고, 예민함은 예술적 재능과 밀접하게 연결되어 있으니 어린 시절부터 아이의 표현 능력을 개발하고 예술적인 경험을 하게 할 것을 권유했다.

실제로 소은이는 여섯 살이 되면서 눈에 띄게 미술과 음악을 좋아하고, 그림이나 노래를 통해 자신을 표현하는 데 소질을 보이기 시작했다. 아이는 지금 동네 교습소와 문화센터에서 피아노와 바이올린을 배우고 미술과 어린이 성악을 하고 있는데 그 시간을 무척 행복해한다. 결국 우리 부부는 한글과 영어, 수학과 같은 인지 학습에 집중하기보다는 아이가 좋아하는 예술적인 경험을 많이 시켜주기로 했다. 그래서 소은이는 매일 유치원이 끝나면 미술 학원에서 그림을 그리고, 만들기를 한다. 일주일에 한 번은 도예 수업을 통해 도자기를 빚는데 어른인 나보다도 훨씬 솜씨가 좋다. 특히 아이는 미술을 좋아하고 재밌어한다. 소은이가 그린 그림을 보면 여섯 살이 그린 그림이라고 하기엔 놀라울 정도로 정교하고 섬세하다. 미술 선생님도 소은이의 표현력과 집중력이 또래 아이보다 뛰어남을 칭찬하시곤 해서 정말 소은이가 미술에 재능이 있는 건 아닐까 지켜보고 있다.

한편 소은이는 앞에서 말한 것처럼 글을 쓰고, 이야기를 만드는 것에도 관심이 많다. 한 장의 도화지에 그림을 그리고, 그와 관련된 이야기를 즉석에서 만들어내고, 친구와 있었던 일을 바탕으로 동화를 만들기도 한다. 물론 아이는 아직 한글을 쓰지 못하기 때문에 이야기를 다 말로 풀어낸다. 그러면 나는 소은이가 만든 이야기를 받아 쓰고, 다듬어 한 편의 동화를 완성한다. 아이는 엄마가 글을 쓰고, 책을 출간하는 과정을 지켜보았기에 이렇게 완성된 이야기를 출판사에 보내면 책의 형태로 나올 수 있다는 걸 알고 있다. 그래서 도서관이나 서점에 가면 자기가 지은 이야기는 언제 책으로 나오냐고 물으며, 얼른 그림책이나 동화책으로 만들어달라고 조르기도 한다.

물론 아이가 천재나 영재 소리를 들을 만큼 예술적인 영역에 천부적인 소질이 있는 것은 아니다. 그러나 천재가 아니어도, 영재가 아니어도 상관없다. 예민한 아이가 남들보다 조금이라도 잘하는 게 무얼까, 아이가 어떤 일을 하며 행복할까를 아는 것은 성공과 별개로 아이의 행복한 삶을 위해서 매우 중요한 일이니까. 앞으로 소은이가 화가가 될지, 작가가 될지, 아니면 피아노 연주자가 될지 모를 일이기에 나는 아이에게 좀 더 많은 경험과 다양한 체험으로 아이의 잠재력을 끌어주기 위해 노력할 뿐이다.

과흥분성과 영재성

《예민한 아이를 키우는 엄마의 불안이 사라지는 책》을 쓴 나가오카 마이코는 그의 저서에서 폴란드의 심리학자 동브로프스키가 주창한 '과흥분성'이라는 개념을 제시했다. 과흥분성이란 다른 사람보다 훨씬 감각이 예민해서 선천적으로 주변의 사물이나 현상에서 오는 자극을 강하게 느끼고 반응하는 특성을 의미한다. 과흥분성은 감각적, 심체적, 지적탐구, 상상적, 감성적 이렇게 다섯 가지 영역으로 분류된다. 나가오카 마이코는 과흥분성의 개념을 통해 예민함을 선물로 받아들였다는 부분이 흥미롭다. 그는 아론 박사의 논문에서 아론 박사가 과흥분성과 HSC(Highly Sensitive Child)를 동일 선상에 놓고 바라본다는 것을 발견했으며, 과흥분성은 HSC의 특징이라는 것을 알아챘다. 그리고 '과흥분성'의 개념을 주창한 동브로프스키가 과흥분성으로 인해 발생하는 내면의 갈등이나 고통이야말로 사람을 성장시킨다고 본 것에 주목하여 예민함이 결국 아이들의 성장을 방해하는 요소가 아니라 아이의 성장을 촉진하는 요소가 될 수 있다고 보았다.

엄지언 작가의 《예민한 아이 육아법》에서는 '과흥분성'을 바탕으로 예민한 아이의 영재성에 대해 설명한 대목이 흥미롭다. 과흥분성 다섯 분야 중 하나라도 특수한 흥분성을 보이면 영재성을 가지고 있는 것으로 보는데 보통 예민한 아이는 이 다섯 분야 중 최소 하나에서 과흥분성을 보인다고 한다.

나는 이 대목을 읽으며 마음이 두근거렸다. 예민한 아이를 키우며 너무 힘들었던 부분이 영재성으로 설명될 수 있다는 사실이 흥미로웠고, 혹시라도 우리 아이에게 이런 숨겨진 재능이 있다면 나는 어떻게 그 재능을 발현시킬 수 있게 도와주어야 할까 고민이 되었다. 만일 아이가 예민하다면 키우기 힘들다는 것에 주목하여 좌절하지 말고, 우리 아이가 어떤 부분에 과흥분성을 가지고 있는지 살펴보자. 혹시 예민한 우리 아이가 영재일지도 모를 일이다.

주의 깊은 리더십을 가진 예민한 아이

앞에서 말한 재능들이 예민한 아이의 선천적인 기질이라면 이러한 기질을 다루는 과정에서 또 다른 이차적인 특성이 나타난다. 바로 예민한 아이는 자라면서 노력하는 아이, 조심성 있는 아이, 책임감 있는 아이가 된다는 것이다. 그 이유로 제시한 내용이 상당히 설득력이 있다. 최치현 교수의 말에 따르면 불안을 크게 느끼는 예민한 아이는 불안감을 조절하기 위해 미리 노력하고, 안전을 추구하기 때문에 조심성이 많으며, 자신의 높은 성취 욕구를 만족시키기 위해 책임감 있는 아이로 자란다고 한다.

예민한 아이의 또 다른 특성은 대체로 욕구가 크다 보니 승부욕도 강하다는 것이다. 그리고 승부욕이 강하다보니 또래와 경쟁해서 이기고 싶어하며, 집단 내에서 자신이 주도하려는 모습이 보인다.

마지막으로 예민한 아이들은 관찰력이 좋고, 다른 사람의 기분, 생각, 기대에 민감하게 반응할 수 있으며 공감 능력이 뛰어나고, 배려심도 깊다. 다른 사람의 감정에 민감하게 반응하고 공감하는 능력이 뛰어나다는 건 어떤 조직에서 리더가 될 가능성이 높다는 걸 보여준다. 또 직관이 뛰어나다 보니 다가오는 위험을 미리 감지하고 예측할 수 있는 위험 예지 능력 또한 우수하다.

이렇게 예민한 아이는 세부사항에 주의를 기울이면서도 전체 조직이나 프로젝트를 관리하는 데 탁월한 '주의 깊은 리더십'을 가진 사람으로 자랄 가능성이 높다. 이러한 특성들을 잘 키워주면 예민한 아이는 주의 깊은 리더십을 발휘하는 리더로 자라날 수 있을 것이다.

예민한 우리 아이,
세상 밖에서 우뚝 서기

앞서서 언급했던 난초 아이와 민들레 아이를 떠올려보자. 아무 데서나 잘 자라는 민들레 아이와 달리 난초 아이는 환경이 아주 중요하다고 했다. 그래서 난초 아이들은 첫 사회생활을 하는 어린이집이나 유치원 선택이 더욱더 중요하다.

대부분의 난초 아이는 엄마 껌딱지 성향이 강하기 때문에 처음 기관에 보내는 게 쉽지 않다. 민들레 아이들이 무난하게 기관에 적응하는 것과 달리 난초 아이들은 적응하는 데 시간이 오래 걸리고, 열악한 환경에서 먼저 반응한다. 따라서 난초 아이를 기관에 보내기 위해서는 사전에 철저히 조사하고 탐색해서 난초 아이에게 적합한 기관을 선택해야 한다.

앞의 수면 문제에서 밝혔듯이 소은이는 첫 기관을 잘못 선택해서 너무 힘들었던 경우였다. 계속 가정 보육을 하다 28개월에 어린이집을 처음 보냈는데 등원하고 일주일 만에 문제가 발생했다. 어린이집에서 우는 아이를 한 시간 동안 방치하며 아무런 조치를 취하지 않은 것이다.

CCTV 영상 속 아이는 교실 한가운데서 오열하고 있는데, 누구 하나 아이를 안아주지 않았다. 보조교사를 포함하여 네 명의 어른이 있었지만 모두 다른 일에만 몰두할 뿐 아무도 아이를 신경 쓰지 않았다. 아이는 그 속에서 철저하게 외면당했고, 소외되어 있었고, 마치 투명 인간 같아 보였다.

교실에서 울던 아이는 바깥 놀이 시간이 되어 놀이터로 나갔지만 거기서도 울음을 멈추지 못했다. 놀이터에 있는 CCTV 영상에는 소은이가 너무 크게 울어서 그곳에 있는 모든 아이가 소은이를 빙 둘러싸고 쳐다보는 장면이 잡혀 있었다. 이 정도로 아이가 우는데 왜 부모에게 연락을 주지 않은 것인지 이해가 되지 않았다.

교실로 돌아와서도 소은이는 여전히 울고 있었다. 아이는 교사에게 안아달라고 팔을 뻗었지만, 교사는 무서운 표정을 지으며 안 된다는 손가락 사인을 보냈다. 그리고 그만 울라고 "뚝! 뚝! 뚝!" 하며 다그치는 모습이 보였다. 결국 아이가 운 지 한 시간이 다 되어서야 지나가던 보조교사가 아이를 안아주는 장면이 나왔다. 아이는 얼굴도 모르는 보조교사의 품에 안겨 어깨를 들썩이며 서럽게 울었다. 나는 이 장면을 보며 마음이 무너졌다. 담임교사가 아이를 한 번이라도 안아주었더라면, "아이고, 우리 소은이, 속상했어?" 하고 한 번만 어르고 달래주었더라면 어땠을까.

시종일관 차갑고 냉랭한 태도로 아이를 대하던 교사는 내가 데리러 올 시간이 되자 아이의 얼굴을 물티슈로 박박 닦은 후 다른 담임교사를 통해 아이를 내보냈다. 마치 아무 일도 없었던 것처럼. 그리고 담임교사 둘 중 아무도 나에게 그 일에 대해 말해주지 않았다. 결국 아이는 그날의 기억이 트라우마가 되어 감각 통합에 문제가 생겼고, 그 후 6개월 동안 정상적인 생활이 불가능했다.

예민한 아이에게 좋은 어린이집, 유치원은 어디일까

내가 아이를 보냈던 곳은 두 명의 담임교사가 한 교실에서 많은 아이를 동시에 보는 국공립 어린이집이었다. 둘 다 아이를 다뤄본 경험이 별로 없는 젊은 신규 교사였고, 다른 반을 왔다 갔다 하는 보조교사도 젊은 선생님이었다. 교사를 배치하는 것도 원장님의 역량인데 지금 생각해보면 배치부터가 부적절했다. 아이가 어릴수록 어린아이를 돌본 경험이 많은 교사를 배치해야 한다. 또 문제 상황에 대비할 수 있게 최소 둘 중 한 명은 아이를 낳아서 길러본 경험이 있어야 했다.

　여기서 우리가 주목해야 할 것은 난초 아이가 기관을 선택할 때 가장 중요한 것이 담임교사의 역량이라는 것이다. 대부분 기관은 입학 상담을 할 때 원장님하고만 대면하기 때문에 담임교사가 누구인지는 확인하기 어렵다. 특히 입학 상담 기간에는 아직 담임교사가 배정되지 않아 내 아이의 담임교사가 누가 될지 알기가 어렵다. 그러나 실제 아이와 생활하는 사람은 원장님이 아니라 담임교사이며, 원장님의 마인드와 철학도 중요하지만 가장 중요한 것은 담임교사가 얼마나 따뜻하게 아이를 품어줄 수 있는지다. 물론 경력이 다소 부족하더라도 아이를 사랑으로 대하고, 따뜻하게 안아줄 수 있는 교사라면 괜찮다. 불행하게도 소은이가 그곳에서 만난 교사들은 경력도 짧았고, 우는 아이를 사랑으로 품어주지도 못했다. 지금 생각해보면 아마 그들은 그렇게까지 우는 아이를 본 적이 없었을 것이다. 어쩌면 민들레 아이들에게는 좋은 교사였을지도 모른다. 하지만 안타깝게도 소은이와 같은 난초 아이를 만났을 때 어떻게 대처해야 하는지는 몰랐으리라. 그래서 경험과 경력은 무시하지 못한다.

　원장님의 상주 여부 역시 중요하다. 원장님이 기관에 상주하며 교실에서 이런 문제가 발생했을 때 아이를 돌봐줄 수 있었다면 소은이가 그렇게까지 울면서 방치되는 일은 없었을 것이다.

당시 어리석게도 나는 국공립 어린이집이 최고인 줄 알았다. 너도나도 보내고 싶어서 줄을 서는 국공립 어린이집이었기에, 아무런 조사와 탐색 없이 아이를 믿고 보냈는데 지금 와서 보니 난초 아이에게는 국공립 어린이집은 그렇게 좋은 선택지가 아니었다.

롤프 젤린은 그의 저서 《예민한 아이의 특별한 잠재력》에서 예민한 아이를 둔 부모는 국공립 학교보다는 종교 계열의 학교나 몬테소리, 발도르프 학교처럼 예민한 아이의 특성에 더 적합한 교육을 할 수 있는 학교를 찾을 것을 조언했다. 이 조언을 어린이집이나 유치원에 적용하면 국공립보다는 몬테소리, 발도르프처럼 특정 교육 철학을 가진 곳이나 놀이 학교, 종교 부설 기관, 공동육아 기관처럼 아이 하나하나에 더 신경을 쓰는 기관을 선택하는 게 좋다. 이런 기관들은 아이의 기질과 특성을 이해하는 선생님이나 원장님이 계실 가능성이 더 크고, 좀 더 세심하게 아이를 배려해줄 수 있기 때문이다.

교사 대 원아의 비율은 낮을수록 좋으며, 공간은 아담하면서 아늑하여 아이가 불안을 느끼지 않을 정도의 규모가 좋다. 또 햇빛이 잘 드는 교실을 갖춘 곳, 매일 잠깐이라도 바깥 활동을 하는 곳, 숲 체험이나 텃밭 가꾸기 등 생태 교육을 하는 곳이 좋다. 앞에서 살펴봤듯이 예민한 아이들은 에너지가 많고, 그 에너지를 외부에서 표출하며 자연에 있을 때 좀 더 편안함을 느끼기 때문이다.

마지막으로 가능하다면 걸어서 갈 수 있는 가깝고도 익숙한 곳을 추천한다. 롤프 젤린은 앞의 저서에서 거주 지역에서의 학교 위치가 중요하다고 했는데, 익숙한 이웃이 있고 잘 아는 친구가 같은 학교에 다니면 아이의 부담이 크게 줄어든다고 했다. 특수한 학교가 예민한 아이를 잘 맞춰줄 수 있을지 모르나 집에서 거리가 멀면 그 장점이 없어진다고 한다. 걸어서 등하교할 때의 장점은 이외에도 많다. 그의 책을 인용한다.

> 아이가 학교에 느긋하게 걸어 다닐 수 있는 가까운 거리는 여러 가지 측면에서 장점이 된다. 그만큼 활동량이 많아지고 스트레스가 해소되며, 정신이 맑아진다. 또 경험한 것을 소화하고 생각에 잠길 수 있고, 내적인 균형을 되찾을 기회도 생긴다. 걸어 다니며 학교라는 세계와는 전혀 다른 가족의 세계에 다시금 자신을 맞출 시간적 여유도 가질 수 있다. 학생에게 등하교 시간은 자유를 누릴 수 있는 귀중한 순간이다. 때로는 아이의 삶에서 훈육과 압박과 통제가 존재하지 않는 유일한 순간이기도 하다.
> － 《예민한 아이의 특별한 잠재력》 중에서

소은이는 여섯 살이 되면서 유치원을 옮겼다. 상냥하고 따뜻한 담임선생님이 계시고, 인원이 많지 않으며, 모든 교실에 햇빛이 잘 드는 아늑한 단층 건물이다. 매일 잠깐이라도 야외 활동을 하며, 텃밭을 가꾸고, 바로 앞이 공원이라 아이들이 마음껏 뛰어놀 수 있는 환경을 갖추고 있다. 게다가 우리 집에서 걸어서 갈 수 있는 가까운 곳이었다. 앞에서 말하는 조건을 갖춘 이상적인 곳이었고, 아이는 새로운 유치원에 놀라울 정도로 잘 적응했다.

물론 여기까지 오는 과정은 쉽지 않았다. 많은 시행착오를 겪었다. 다섯 살 때 일부러 숲 유치원을 보냈는데 생각처럼 운영이 잘 되지 않았다. 이상과 현실의 차이였다. 심지어 소은의 담임선생님이 말도 없이 바뀌는 걸 보고, 결국 기관을 옮기게 되었다. 학기 중간에 들어가려니 일반 유치원에 들어갈 수 없어 결국 바로 입학이 가능한 영어 유치원을 보냈다. 당시 남매처럼 친하게 지내던 오빠가 있어 그 오빠와 함께 영어 유치원에 보냈고, 그 덕분인지 그럭저럭 적응을 잘했다. 하지만 영어 유치원이라 야외 활동이 없이 교실에서만 지내는 것이 마음에 걸렸다. 또 집에서 거리가 멀다 보니 늘 내가 차로 데려다주기도 쉽지 않았다. 결국 여섯 살이 되면서 아이가 마음껏 뛰어놀 수 있는 집 근처 유치원을 다시 찾게 되었다.

새로 입학하려고 했던 유치원은 이 지역에서 교실 환경이 좋기로 소문난 유치원이었다. 규모가 학교처럼 크고, 운영도 체계적이었다. 그러나 하원 시간을 엄격하게 지켜야 했고, 아이 하나하나의 사정이 고려되지 않았다. 이러한 운영 방침이 마음에 걸려 입학을 포기했다. 또 한 곳은 다양한 프로그램이 좋았으나 담임선생님이 엄하고 아이들을 통제하는 성향이 강했다. 일주일을 보냈을 때, 아이가 등원을 거부하며 울었다. 뭔가 느낌이 좋지 않았다. 우는 아이를 억지로 들여보내는 선생님을 보고, 내면의 목소리가 '여기는 아니야!'라고 외쳤다. 당장 아이에게 기관에 가는 것이 좋으냐고 물었다. 아이의 대답은 'NO!'였다. 나는 엄마의 직감과 아이의 대답을 믿고 바로 퇴소를 결정했다.

주위에서는 기관을 너무 자주 바꾸는 것 아니냐는 우려의 시선도 있었다. 물론 아이들에게는 어느 정도의 좌절도 필요하고, 불완전한 환경에 적응하며 맞춰 사는 것도 필요하다. 지금에야 유치원이니 부모가 환경을 바꿔줄 수 있지만, 당장 초등학교에 입학하면 학교가 마음에 들지 않아도 아이는 그곳에 적응하며 생활을 이어나가야 한다. 나도 명색이 교사인데 이걸 모를까?

그러나 교사이기 이전에 나는 예민한 아이를 키우는 엄마이고, 많은 생각 끝에 난초 아이를 굳이 불완전한 환경에 둘 필요가 없다는 결론을 내렸다. 난초 아이를 키우는 부모는 환경에 민감하게 대응해야 하고, 난초를 가꿀 수 있는 최적의 환경을 적극적으로 찾아 나설 수밖에 없다. 그래서 이 글을 읽는 독자분들에게 당부하고 싶다. 예민한 아이를 키우고 있다면 주변의 시선에 너무 신경 쓰지 말기를! 무엇보다 아이의 목소리와 엄마의 직감을 믿고, 아이에게 좋은 환경을 찾아줄 수 있도록 끊임없이 노력하기를.

좀 더 구체적으로 팁을 덧붙이자면 기관을 방문할 때는 꼭 아이와 함께 가길 바란다. 그럼 아이를 대하는 교사의 표정, 말투, 시선을 보고 성향을 파악할 수 있다. 놀라운 사실은 아이들이 자기에게 좋은 곳, 자기에게 맞는 선생님을 어른보다 더 잘 파악한다는 것이다. 지금 다니고 있는 유치원에 아이를 데리고 갔을 때, 소은이는 너무 신나게 노느라 상담이 끝나도 집에 갈 생각을 하지 않을 정도였다. 그리고 쉽진 않겠지만 기관을 방문했을 때 담임교사가 누구인지 파악하는 것도 잊지 말자. 학원을 선택할 때도 마찬가지이다. 아이와 직접 만나는 선생님이 누구인지 확인하고, 아이와 대면해보면 어느 정도 감이 온다.

예민한 아이들의 기관 선택 문제는 정말 쉽지 않다. 그러나 자신에게 잘 맞는 기관을 만난다면 예민한 아이는 난초처럼 곱게 피어날 것을 믿으며, 힘들더라도 부모가 아이에게 맞는 기관을 열심히 찾았으면 좋겠다.

소은이가 유치원을 옮기고 얼마 되지 않아 담임선생님이 내게 했던 말로 이 장을 마무리한다.

"처음에 어머님이 소은이가 예민하다고 해서 조금 걱정했는데, 알고 보니 로또였어요."

선생님은 농담처럼 말씀하셨지만 나는 이 말을 듣고 많은 생각이 들었다. 그리고 속으로 이렇게 대답했다. '소은이가 로또가 될 수 있었던 건 바로 선생님 덕분이에요!'라고.

부모를 위한 핵심 요약 노트!

1) 기관을 선택할 때는 여러 사항을 꼼꼼하게 따져보기

담임선생님이 가장 중요해요. 엄격하게 통제하기보다는 온화하고 따뜻하게 대해주는 선생님이 좋습니다. 교사 대 원아 비율이 낮고, 교실에는 햇빛이 잘 들어야 하고요. 야외 활동 시간이 있는지, 자연과 함께하는 생태교육이 있는지도 확인하세요. 시스템보다 아이의 상황을 고려해줄 수 있는 원을 선택하세요.

2) 기관을 선택할 때는 아이와 꼭 동행하기

아이들은 영리해요. 자신에게 잘해주는 사람을 온몸으로 느낀다고 하죠. 특히 감각이 발달하고 섬세한 촉수를 가진 예민한 아이들은 보통의 아이들보다 환경에 더 민감하게 반응합니다. 기관을 선택할 때는 아이와 동행하여 아이가 그곳의 선생님, 친구들, 교실 등을 어떻게 느끼는지 파악하는 게 중요해요.

3) 기관을 옮기는 것을 두려워하지 말기

많은 부모가 기관을 옮기는 것을 두려워해요. 맘 카페에서 '겨우 적응했는데 이런 문제로 기관을 옮겨도 될까요?'라는 질문을 종종 보는데요. 대부분은 답은 이미 엄마가 알고 있어요. 어떤 것이 아이를 위하는 현명한 방법인지 말이에요.

4) 타인의 시선을 두려워하지 말기

제가 타인의 시선을 두려워했다면 아마 지금의 유치원을 찾지 못했을 거예요. 남들이 극성 엄마라고 생각할까 봐, 어느 정도 선에서 적당히 타협했을지도 모르지요. 하지만 내 아이를 키우는 일에 남의 시선이 뭐가 그리 중요할까요? 아이에게 어린이집이나 유치원은 또 하나의 세계예요. 집에서보다 기관에서 더 많은 시간을 보내야 할 아이들을 위해서라면 기관 선택은 아무리 신중하게 해도 지나치지 않다고 생각합니다.

어린이집, 유치원에서 문제가 생겼을 때 대처하는 방법

　대부분 아이가 어리고 의사 표시를 제대로 하지 못할 때 기관에서 문제가 생기는데, 이럴 때일수록 부모는 아이가 보내는 신호를 놓치지 말아야 한다.
　첫 기관에서 문제가 생겼을 때 알아챌 수 있었던 것은 아이가 보낸 신호 덕분이었다. 어린이집에서 문제의 사건이 생겼던 날, 평소와 다름없이 유아차로 공원을 돌고 있는데 낮잠이 들려고 하던 아이가 갑자기 자지러지며 울기 시작했다. 집에 와서도 무섭다는 말을 반복하며 잠이 들지 못했고, 겨우 잠들었다가도 경기를 일으키고 눈을 뒤집으면서 울었다. 아이가 그렇게까지 우는 것은 처음이었다. 그리고 아이가 진정되었을 때 아이의 입에서 나온 말이 문제를 푸는 실마리가 되었다.

"선생님이 계속 소리쳤어. 뚝! 그만!"

당시 아이는 28개월이라 말을 제대로 하지 못했지만 일관되게 선생님이 '그만! 그만! 뚝! 뚝!' 소리를 쳤다는 말을 반복했다. 아이를 훈육하는 과정에서 있을 수 있는 일이라 생각했지만 일단 아이의 상태가 좋지 않아 어린이집을 보내지 않았다. 그런데 며칠이 지나도 아이의 상태는 나아지지 않았다. 뭔가 이상했다. 맘 카페에서 어린이집 이름을 검색해보았다. 그러다 같은 반이었던 아이가 담임 선생님 때문에 어린이집을 퇴소했다는 것을 알게 되었다. 단순히 어린이집 부적응이라고 치부하기에는 꺼림칙한 부분이 있어 결국 어린이집에 CCTV 영상 열람을 요청했다.

이때까지만 해도 설마, 우리 아이에게, 안 좋은 일이 있었을 거라고는 확신하지 못했다. 그런데 상황을 전해 들은 어린이집에서 CCTV 영상 열람을 거절했다. 사유는 해당 영상에 포함된 모든 아이의 부모에게 동의를 받아야 하는데 지금은 그럴 수 없으며, 다른 아이의 얼굴을 모두 모자이크 처리를 해야 한다는 것이었다. (나중에 알았지만, 이 또한 사실이 아니었다. 아동 학대 사실 여부를 확인하기 위해 CCTV 영상 열람을 요청할 때 해당 영상에 포함된 정보 주체의 동의를 받거나 개인을 알아볼 수 없도록 하는 보호 조치인 모자이크는 사본을 외부에 반출하는 경우에만 필요하다.)

　기관에서는 일단 업체가 당장 올 수 없으니 바로 CCTV 영상을 보여줄 수 없고, 영상을 편집한 후에 보여주겠다고 했다. 석연치 않은 느낌이 현실이 되는 순간이었다. 문제가 없다면 영상을 왜 공개하지 않는 것일까? 그때부터 CCTV 영상을 봐야겠다는 생각이 더욱 확고해졌다. 아이가 어린이집에 머문 시간은 한 시간가량인데 거기 나오는 아이들을 어느 세월에 모자이크 처리를 할 것이며, 그렇게 편집된 영상은 믿을 수가 없었다.

　법적 절차를 알아보니 어린이집에서 CCTV 영상 열람을 거부했을 때 경찰이 동행하면 즉시 열람이 가능하다고 했다. 나는 경찰에 전화를 걸어 이 상황을 얘기했고, 경찰에서는 신고 전화를 하면 경찰이 동행하여 CCTV 영상을 바로 확인할 수 있다고 했다.

　어린이집 앞에서 다시 한번 기관에 전화를 걸었다. 지금 당장 CCTV 영상을 보여주지 않으면 경찰을 부르겠다고 하니, 원장은 그제야 우리의 요구를 수용했다. 그렇게 오랜 실랑이가 끝에 아이에게 있었던 일을 겨우 확인할 수 있었다. 영상을 보고 난 후 말문이 막혀 아무 말도 나오지 않았다. 이래서 보여주려 하지 않은 것이구나.

　담임교사의 부적절한 태도는 정서적 학대나 다름없었다. 영상에서는 소리가 나오지 않았지만, 화면만 보아도 오열하는 아이의 목소리가 귓가에 들리는 듯했다. 아이는 애처롭게 허공으로 팔을 뻗고 도움의 손길을 구하고 있었다. 그런 아이를 매몰차게 거절하는 교사를 보면서, 이럴 거면 왜 어린이집 교사가 되었는지 따져 묻고 싶었다. 아이가 가정을 벗어나 처음 만난 사회에서 철저하게 고립되고, 아무리 애원해도 엄마를 불러주지 않았을 때 어떤 좌절감을 느꼈을까 생각하니 마음이 무너져 내렸다. 손으로 때리지만 않았을 뿐, 아이의 마음에는 보이지 않는 멍이 시퍼렇게 남게 되었다. 가장 보호받아야 할 곳에서 보호받지 못한 우리 아이. 거기서 가장 믿고 의지해야 할 담임교사가 그 순간 가장 신뢰할 수 없는 타인이 되어 있었다.

    CCTV 영상을 함께 보던 원장과 담임교사는 눈물을 흘리며 사죄했고, 아이가 안정될 때까지 심리 치료를 받을 수 있게 지원하는 것으로 이 사건은 마무리되었다. 지금도 그때 생각을 하면 눈물이 나고 마음이 아프다. 이후 아이가 새로운 기관에서 적응하기까지도 얼마나 큰 노력이 필요했는지.

    이 일로 인해 소은이는 분리 불안이 생겨 새로운 기관에 가는 것에 더 많은 힘과 에너지가 소모되었다. 아이를 당분간 집에 데리고 있는 게 좋을까 고민했지만, 당시 나의 복직이 얼마 남지 않은 시점이라 어떻게든 기관에 적응을 시켜야 했다. 무엇보다 지금 기관에 보내지 않으면 아이도 나도 더 움츠러들고, 동굴 속으로 들어갈 것만 같은 생각이 들었다. 아이에게 세상이 그렇게 무서운 곳이 아님을, 집이 아닌 곳에서도 안전하게 지낼 수 있음을 알려주고 싶었다. 그래서 결국 아이를 다시 기관에 보내기로 했고, 나의 판단은 맞았다. 나타샤 대니얼스는 《예민한 아이 육아법은 따로 있다》에서 트라우마 때문에 생기는 두려움에 대해 이렇게 언급했다.

'예민한 아이는 놀라운 기억력으로 용서하지 못할 기억을 간직하기도 한다. (중략) 아이가 트라우마를 경험한 적이 있다면 아이를 다시 같은 상황에 노출해보자. 아이가 그러한 상황을 더 오래 회피하면 회피할수록, 두려움은 점점 더 깊숙이 몸에 밸 것이다. (중략) 아이의 마지막 기억이 긍정적이어야 좋다. 이렇게 하면, 아이는 앞으로 계속 따라다닐지도 모를 나쁜 기억을 무력화시킬 수 있다.'

나는 필사적으로 여러 어린이집을 찾아다니며 상담을 받았다. 다행히 따뜻하고 좋은 선생님이 계신 어린이집을 찾았고 그곳에서 아이는 다시 새롭게 시작했다. 그때 내가 본 것은 딱 하나, 담임선생님이 과연 우는 아이를 사랑으로 품어주실 수 있는 분인가 하는 것이었다.

당시에는 담임선생님만 보고 원을 선택했던 것인데, 지금 돌이켜보니 그때 다녔던 어린이집이 앞 장에서 얘기한 예민한 아이들에게 적합한 어린이집이기도 했다. 교실은 단층으로 된 건물로 햇살이 잘 들고 아늑했으며, 매일 바깥 놀이를 하는 넓은 놀이터가 바로 앞에 있었고, 텃밭을 가꾸고, 동산을 산책했다. 아이는 이곳에서 무럭무럭 잘 자라 무사히 어린이집을 졸업할 수 있었다.

내 이야기를 통해 당부하고 싶은 걸 정리하면 다음과 같다. 기관에서 문제가 생겼을 경우 첫째, 아이의 신호를 무시하지 말고 세심하게 관찰하기. 둘째, 아동 학대 상황이 의심될 때는 적극적으로 CCTV 영상 열람을 신청하기. 셋째, 기관에 보내는 것을 아예 포기하지 말고 다른 대안을 찾기. 만일 내가 그때 아이의 신호를 무심코 넘겼다면, 별다른 조치 없이 계속 아이를 그 기관에 보냈다면 어떻게 되었을까. 생각만 해도 아찔하다. 지금에야 아이가 말을 하고 자신의 의사를 정확히 전달할 수 있지만, 말을 제대로 하지 못하는 어린아이일수록 부모의 세심한 관찰과 대처가 중요하다고 강조하고 싶다.

부모를 위한 핵심 요약 노트!

1) 아이가 어린이집 등원을 거부할 때 유심히 살펴보기

아이가 어린이집을 등원을 거부할 때 단순히 낯선 환경에 대한 부적응이 원인이라 생각할 수 있어요. 그러나 모든 반응에는 이유가 있는 법! 등원 거부가 심하거나 잠을 잘 자지 못하면 부모가 민감하게 살펴볼 필요가 있어요.

2) 기관에서 문제가 생겼을 경우 적극적으로 대응하기

많은 부모님이 기관에서 문제가 생겼을 경우, 혹시 내 아이에게 더 큰 피해가 올까 봐 기관에 말하는 것을 두려워합니다. 그러나 문제가 있을수록 기관에 의논하여 오해가 있다면 오해를 풀고, 아이를 위해 해결 방법을 찾는 것이 중요합니다. 아동 학대 상황이 의심될 때는 적극적으로 CCTV 영상 열람을 신청해야 합니다.

3) 두려움을 회피하지 않고, 다른 대안을 찾기

기관에서 문제가 생겼을 때 기관에 보내는 것을 아예 포기해버리거나, 문제가 있는 기관에 계속 보내서는 안됩니다. 아이가 어떤 사건으로 트라우마를 겪으면 같은 상황에 노출하고, 더 좋은 기억으로 나쁜 기억을 덮어주어야 한다는 걸 기억하세요.

여기서 잠깐!

☑ 어린이집 CCTV를 확인하는 방법

아이가 정신적 또는 신체적 학대를 당했다고 의심이 들 때 CCTV 영상 열람을 요구하는 건 영유아보육법상으로 보장되어 있어요. 학부모가 요청하면 어린이집이 정당한 이유 없이 거부해선 안 되고, 열람 요청에 응하지 않으면 300만 원 이하의 과태료가 부과되며 열람 시 모자이크 처리도 필요 없어요. 다만 수사 과정으로 넘어가게 되면 형사소송법 적용을 받고, 개인정보 보호법에 따라 모자이크 처리가 필요하다고 해요. 그런데 일부 어린이집이 모자이크 처리, 사생활 침해 등을 이유로 CCTV 영상 열람을 거부하는 경우가 있었어요. 경찰 수사 단계에서 모자이크 처리를 하게 되어 있는 것을 자의적으로 해석한 것인데요. 그럴 때는 경찰과 동행을 하면 즉시 열람이 가능합니다. 심지어 2021년 3월 2일 보건복지부보건복지부와 개인정보보호위원회는 별도의 비용 부담 없이 원본 영상을 볼 수 있도록 명시하여 분쟁의 소지를 없앴어요. 그러니 혹시라도 아동학대가 의심될 때 CCTV 영상 열람 요청서를 제출하여 영상을 확인하도록 하세요. 어린이집 원장은 10일 이내 결정 통지서를 보내줘야 하는데, 만일 긴급한 사안으로 즉시 열람이 필요한 경우에는 관계 공무원이 동행하면 즉시 열람을 요청할 수 있습니다. 단, 60일이 지나면 영상 정보가 파기되어 열람 요청이 거부될 수 있음을 주의하세요.

아이에게 맞는 상담 센터 고르는 법

    어린이집 사건으로 아이는 마음을 다쳤고, 분리 불안 외에도 정서적으로 매우 불안해하는 날들이 이어졌다. 낯선 사람을 극도로 무서워하고, 다른 사람과 눈을 마주치지 못했다. 모든 감각이 극도로 예민해져서 오토바이가 지나갈 때마다 그 자리에 멈춰 서서 귀를 막고 무서움에 벌벌 떨었다. 주차장과 같은 어두운 곳이나 엘리베이터처럼 밀폐된 공간도 견디지 못했다. 그러다 보니 외출을 할 때마다 너무 힘이 들었다.

집에서도 힘든 것은 마찬가지였다. 물이 무서워서 머리를 감을 수 없었고, 급기야 손을 씻는 것도 무서워했다. 매일 씻는 게 전쟁이었고, 씻은 후 머리를 말릴 수도 없었다. 헤어드라이어만 켜면 그 소리가 무서워 견디지 못했으니까. 잠을 자지 못하는 것은 기본이고, 잠이 든 후에도 밤마다 악몽을 꾸며 울면서 깨곤 했다.

나는 살기 위해 지푸라기라도 잡는 심정으로 상담 센터를 찾았다. 동네에는 아동의 심리를 상담하거나 치료하는 센터들이 꽤 있었다. 문제는 아이를 진단하고, 제대로 된 치료를 해줄 곳을 찾는 게 쉽지 않았다.

처음 간 상담 센터는 방송에도 나오고 지역마다 여러 지점을 가진 유명한 센터였다. 어린이집에서 있었던 일을 상세하게 설명하고, 현재 겪고 있는 어려움을 토로했다. 그런데 상담자는 마치 엄마가 아이를 잘못 키워서, 올바로 양육하지 못해서 이런 결과를 초래한 것처럼 내게 훈계를 하기 시작했다. 그리고 훈육하는 기술을 배워야 한다며, 상담실에서 불안해하며 나가고 싶어 하는 아이를 붙잡아두고 나가지 못 하게 했다. 트라우마를 극복하려고 갔는데 난데없이 양육 코칭이라니. 아이는 결국 자지러졌고 상처를 치유하기 위해 간 곳에서 나까지 상처를 받고 돌아왔다.

두 번째 센터에 가서도 비슷했다. 인터뷰 전에 열심히 사전 설문지를 작성하고, 어린이집에서 겪은 일을 얘기하고, 현재 아이의 상태에 관해 설명했다. 여기서도 앞의 센터처럼 엄마와 아이가 노는 모습을 통해 엄마와 아이의 상호 작용에는 문제가 없는지, 애착이 얼마나 형성되어 있는지에 초점을 맞추었다. 결과는 엄마와 애착은 잘 형성되어 있고, 상호 작용에도 문제가 없다는 것이었다. 어찌 보면 당연한 결과였다. 아이가 겪고 있는 문제는 엄마와의 관계에서 비롯된 문제가 아니었으니까! 그렇게 별다른 해결 방법 없이 상담이 종료되었고, 시간만 낭비한 기분이 들었다.

세 번째로 간 센터에서 비로소 제대로 된 검사가 이루어졌다. 정확한 검사를 위해 K-CBCL 검사(유아 행동 평가)라는 심리 평가를 진행했고, 그 결과는 놀라웠다. 아이는 문제 행동 초점에서 준 임상 범위에 들어 있으며, 특히 내재화 문제(개인의 정서 및 행동상의 어려움이 내면적인 어려움을 일으키는 상태)에서 임상 범위(문제가 있을 가능성을 고려해야 하는 범위)에 드는 결과가 나왔다. 특히 불안, 우울 및 수면 문제에서 백분위 99점을 받았다. 정서적 반응성 또한 준 임상 범위에 속했다. 상담 결과 아이는 외상 후 스트레스 상황을 겪고 있으며 이 트라우마가 최소 6개월은 갈 것이라고 했다. 당시 받은 소견서에는 이렇게 적혀 있다.

'전문 상담사의 치료적 개입이 필요하고 타인에 대한 신뢰 및 안정감을 획득하기까지 시간이 필요하다. 다각적인 도움이 지속해서 요구된다.'

이후 이 센터에서 미술 치료와 놀이 치료를 병행하며 새로운 어린이집에 적응하는 시간을 가졌다. 치료를 한 달 정도 계속하며 분리 불안을 극복하고 어린이집에도 적응했지만, 일상에서 불안해하는 문제는 해결되지 못했다. 결국 소아정신과를 찾아가 소은의 상태를 의논했다.

정신과 의사는 그날의 경험이 세 살 아이에게는 너무 가혹했고, 아이가 어리기에 병원에서 할 수 있는 일이 없다고 했다. 지금처럼 그저 놀이 치료를 하는 방법 외에는 뾰족한 수가 없다고 했다. 결국 지금 내가 하는 것이 최선이라는 것만 확인한 채 집으로 돌아와야 했다.

이렇게 상담 센터 여러 곳을 경험하며 느낀 것은 세상에 상담 자격증을 가진 사람은 너무나 많은데, 그들이 모두 문제를 해결할 수 있는 전문가는 아니라는 것이었다. 아무리 유명한 센터라고 하더라도 모든 선생님이 좋은 것은 아니며, 아이에게 맞는 선생님을 만나는 게 중요하다. 결국 한 번에 좋은 선생님을 찾기란 어려우니 여러 센터를 방문하여 상담을 받아보고, 지속해서 상담을 받을지 결정하는 것이 좋다. 특히 상담도 하기 전에 10회, 20회 전액 선결제를 유도하는 상업적인 곳은 피했으면 한다.

가능하다면 상담사의 학력 및 학회, 협회 자격증 보유 여부를 확인하는 것도 중요하다. 상담 관련 자격증은 넘쳐나고, 상담을 받아보기 전에는 그 상담사의 역량을 알 수가 없기 때문에 결국 얼마만큼 공부하고 경력을 쌓았는지 객관적인 지표로 확인을 하는 방법밖에 없다. 최소한 상담 관련 석사를 졸업했는지, 학회나 협회의 자격증을 보유하고 있는지 등을 확인하면 된다. 그리고 경력이 많은 분께 상담을 받고 싶다면, 자주 이직하는 상담 업계의 특성상 경력을 정확히 파악하기가 어려우므로 센터의 원장님께 상담을 받는 것도 좋다.

내가 선택했던 세 번째 센터는 원장님이 직접 상담을 실시했고, 심리 검사를 기반으로 아이를 진단하고 그에 맞는 처방을 내렸기에 좀 더 신뢰가 갔다. 관찰이나 면담만으로는 알 수 없는 부분이 심리 검사를 통해 드러날 수 있으며, 부모 또한 객관적으로 아이의 상태를 확인할 수 있기 때문이다.

또한 한 가지 치료만 지속하는 것이 아니라 상황에 따라 놀이 치료와 미술 치료를 병행하는 것도 좋았다. 당시 미술 치료를 하면서 촉감에 대해 예민함이 많이 나아졌다. 거품, 물감, 흙, 클레이 등 다양한 재료를 만져보고, 손도장이나 발 도장을 찍으며 물감이 묻는 것에 대한 거부감을 없앨 수 있었다.

아쉬운 것은 그때 아이가 겪고 있는 문제가 감각 통합의 문제라는 걸 알아챘더라면 우리가 일상을 조금 더 빨리 회복하지 않았을까 하는 점이다. 이렇게 많은 전문가를 찾아다녔는데 왜 아무도 그

부분을 생각하지 못했을까? 몇 년의 시간이 흐르고, 이 책을 쓰면서 비로소 그때 아이가 겪은 문제들이 감각에 대한 문제였음을 알게 되었다. 만일 내가 찾아간 곳이 감각 통합 치료도 하는 곳이었다면 아이에게 좀 더 많은 시도를 해볼 수 있었을 텐데.

나중에서야 안 사실이지만 당시 감각 통합 치료를 접하지 못한 것에는 나름의 이유가 있었다. 현실적으로 감각 통합 치료를 하는 곳이 많지 않기 때문이다. 감각 통합 치료를 하기 위해서는 공간이 매우 필요한데 센터에서 그만큼 공간을 확보하기 위해서는 필연적으로 센터의 규모가 커지게 된다. 그럼 운영하는 입장에서 아무래도 부담이 되므로, 감각 통합 치료를 할 수 있는 센터의 수가 생각처럼 많지 않다고 한다.

또한 아동을 전문으로 하는 작업치료사[14]가 많지 않은 것도 또 다른 이유로 들 수 있다. 대학(교)에서 작업치료를 전공한 작업치료사 중 상당수가 아동보다는 성인 쪽을 먼저 선택한다고 한다. 이렇게 아동의 감각 통합 치료를 할 수 있는 작업치료사의 수가 상대적으로 많지 않다 보니 감각 통합 치료가 언어 치료나 미술 치료, 심리 치료보다 접하기 어렵게 되는 것이다.

그러므로 상담 센터를 고를 때는 내 아이에게 감각 통합 치료가

---

14) 작업치료사는 전문대학(3년제)·대학교(4년제)의 작업치료(학)과를 졸업한 후 작업치료사 국가시험에 응시하여 합격해야 보건복지부 장관으로부터 면허를 받고 작업치료사로 활동할 수 있다.

필요한 것은 아닌지 확인해보고, 아이의 상황에 가장 적합한 치료를 할 수 있는 기관을 고르는 것이 무엇보다 중요하다. 심리 치료, 놀이 치료, 미술 치료, 감각 통합 치료, 음악 치료 등 여러 종류의 치료가 있으니 다각적으로 접근을 하는 부모의 노력이 필요하겠다.

부모를 위한 핵심 요약 노트!

1) 상담 기관에 가는 것을 망설이지 말기

우리가 몸을 다치면 바로 병원에 가듯이, 아이가 마음을 다치면 아이의 마음을 치료할 수 있는 전문가를 찾아가야 합니다. 그런데 때론 상담 센터를 방문하거나 소아정신과를 찾는 것을 주저하는 분이 있어요. 그러나 상담을 받는 것은 아이든, 어른이든 부끄러워할 일이 아니라고 생각해요.

2) 센터는 여러 군데를 방문하기

아이에게 맞는 센터를 찾기 위해 최소 세 군데는 방문 상담을 해보세요. 상담 센터의 이름만으로 판단해서는 안 되고, 실제 만나는 상담사의 역량을 보고 센터를 결정해야 합니다.

3) 상담사의 학력 및 학회, 협회 자격증 보유 여부를 확인하기

상담을 받아보기 전에는 그 상담사의 역량을 알 수가 없으므로 객관적인 지표로 상담사의 역량을 추측해야 합니다. 최소한 상담 관련 석사를 졸업했는지, 학회나 협회의 자격증을 보유하고 있는지 등을 확인해보세요.

4) 아이의 상황에 맞는 치료 선택하기

상담 센터에서 하는 치료에는 심리 치료, 놀이 치료, 미술 치료, 감각 통합 치료, 음악 치료 등 여러 종류의 치료가 있으니 내 아이의 상황에 맞는 치료가 무엇인지 찾아보고 다각적으로 접근을 하는 부모의 노력이 필요합니다.

예민한 아이, 학교에서 잘 적응하는 방법

　아직 소은이는 초등학교에 입학하지 않았기에 이 부분은 중학교 교사로서 나의 경험을 살려 이야기하고자 한다. 학교에서 아이들을 가르치다 보면 유독 예민한 아이들이 있다. 아론 박사가 말했던 신체적, 정서적, 사회적, 그리고 새로운 것에 대해 민감성을 보이는 아이들은 학교에서도 눈에 띈다. 특히 학교는 소음이 많은데 시끄러운 것에 유난히 스트레스를 받는 아이가 있고, 체육 시간에 공을 맞았을 때 통증을 남들보다 더 크게 느끼는 아이도 있다. 눈치가 빠르거나 타인의 감정을 예민하게 알아채는 아이, 친구들과 쉽게 친해지지 못하고 학년이 바뀌었을 때 적응이 더 오래 걸리는 아이. 이런 아이들이 사실은 까다롭고 예민한 기질의 아이일 가능성이 크다.

한편 남다른 통찰력과 감수성으로 나를 깜짝 놀라게 하는 아이도 있다. 이런 아이들은 어떻게 이런 생각을 할까 싶을 정도로 섬세하고, 자연에 대한 관찰력도 뛰어나다. 예민한 아이들은 다른 아이들이 보지 못하는 것을 세심한 눈으로 보고, 듣는다. 인지 방식뿐 아니라 사고방식도 남다르다. 《예민한 아이의 특별한 잠재력》의 감수를 맡은 이영민 심리상담가는 예민한 아이의 인지 방식과 사고방식은 예민하지 않은 아이들보다 한층 더 복잡한 그물망으로 얽혀 있다고 보았다. 그리고 이러한 복잡한 그물망이 뛰어난 인지 능력과 지적 능력으로 나타나기도 한다고 말했다. 하지만 예민하다고 해서 모두 지능이 높은 것은 아니다. 쏟아져 들어오는 정보나 생각들에 얽혀 혼란에 빠지면 제대로 된 사고를 하기가 힘들어지고, 학교생활에서도 친구들에게 이질감을 느끼게 된다. 친구들이 자신을 이해하지 못한다고 생각하게 되면 내면 깊숙이 외로움을 느끼고, 결국 자기 생각을 드러내지 않은 채 다른 친구들에게 맞추려 하게 된다는 것이다.

그렇다면 이런 예민한 아이는 어떻게 학교생활을 하면 좋을까? 예민한 아이들은 자신이 흥미와 관심이 있는 동아리에 가입하여 동아리 교사와 선후배, 친구들과 끈끈한 유대를 형성하는 게 좋다. 보통은 한 번 동아리에 가입하면 졸업할 때까지 동아리 활동을 하게 되므로, 중간에 학년이 올라가 학급 교사와 반 친구들이 바뀌더라도 정서적으로 소속감을 느끼고 의지할 수 있는 곳이 생기게 된다. 특히 예민한 아이들은 감수성이 뛰어나고 예술 분야에 재능이 있는 경우가 많으므로 미술 동아리나 음악 동아리, 댄스 동아리, 문학 동아리와 같은 활동을 하면 도움이 될 것이다. 체육을 좋아하는 아이라면 축구부나 배드민턴부, 탁구부와 같은 체육 동아리에서 활동하며 에너지를 발산하는 것도 좋다.

예체능 쪽에 관심이 없는 예민한 아이라면 또래 상담 동아리처럼 전문 상담 교사가 운영하는 동아리에 들어가는 것을 추천하고 싶다. 요즘 각 학교에서는 두드림 교실이나 위클래스 등을 통해 집단 또는 개인 상담을 받을 수 있고, 전문 상담 교사가 상주하여 학교생활에 적응할 수 있도록 돕고 있다. 또래 상담 동아리는 전문 상담 교사와 친밀한 관계를 형성할 수 있을 뿐 아니라 여러 상담 프로그램에 참여할 수 있기에 예민한 아이에게 정서적으로 큰 도움이 될 것이다.

학습 면에서는 이영민 심리상담가의 조언을 인용하고자 한다. 이영민 심리상담가는 《예민한 아이의 특별한 잠재력》에서 예민한 아이에게 어린 시기부터 너무 많은 양의 학습을 시키는 것을 경계

해야 한다고 말했다. 너무 많은 정보는 과부하를 일으키므로 하나씩 반복적으로 숙달시켜 성취감을 유지할 수 있도록 하고, 학습과 휴식 상황을 면밀하게 살펴야 한다.

한편 예민한 아이는 완벽성을 추구하는 성향이 있기에 학습이 한층 어려운데 과도한 의욕이 오히려 아이가 능력을 발휘하지 못하게 하는 장애물로 작용하기도 한다. 부모와 교사는 이럴 때 적극적으로 아이를 도와주려고 하지만, 유일한 해결책은 아이에게 가해지는 압박을 줄이고 자유 시간을 주는 것이다.

예민한 아이에게는 자신만의 공간에서 쉴 수 있는 자유로운 시간이 필요하며 운동이나 체육 활동을 통해 예민함에서 오는 스트레스를 적절히 발산할 수 있도록 해주어야 한다. 또 기질적으로 공부를 잘하고 싶은 욕구가 강하므로 부모와 교사는 더 많은 유연성을 가지고 아이를 대해야 한다.

따라서 이런 아이들에게는 규모가 큰 학교보다 소규모 학교가 좋다. 큰 학교에선 눈에 띄지 않는 아이는 담임교사 외에는 이름조차 모르는 경우가 있다. 그러나 소규모 학교에서는 모든 교과 선생님이 아이들의 성격과 특징을 파악하고 있기에 좀 더 세심하게 아이를 챙길 수 있다.

또한 예민한 아이는 교과 교육 외에 예술 문화 교육에 중점을 둔 학교가 좋다. 앞서 예민한 아이의 재능에서 살펴보았듯이 예민한 아이들은 음악이나 문학, 예술을 접했을 때 보통 사람보다도 더 강렬한 체험을 하며, 뛰어난 재능을 발휘하는 경향이 있다. 그러므로 이러한 재능을 키울 수 있는 예술 중점 학교가 예민한 아이에게 더 적합할 수 있다. 요즘에는 일반 학교에서도 특색 사업이나 중점 사업으로 오케스트라나 1인 1악기 등의 교육을 많이 시행한다. 입학 전에 미리 이런 것을 염두에 두고 학교를 선택하면 도움이 될 듯하다. 그리고 앞 장에서 본 것처럼 종교 학교나 특정 교육 철학을 강조하는 대안 학교, 집에서 가까워 도보로 갈 수 있는 학교 등도 좋은 선택지가 될 것이다.

지금까지 예민한 아이를 위한 학교생활 팁과 예민한 아이의 학교 선택 기준에 대해 알아보았다. 어린이집이나 유치원과 달리 학교는 쉽게 바꾸기 어렵고, 대안 학교나 사립 초등학교가 아닌 이상 가고 싶은 학교에 가려면 진학하고자 하는 학교 근처로 이사를 하여서 배정을 받아야 한다. 그러므로 처음 학교를 선택하는 시기가 중요하고, 그보다 더 중요한 것은 배정된 학교에서 아이가 잘 적응할 수 있도록 돕는 것이다.

앞서 어린이집과 유치원에서 담임교사를 보고 기관을 선택했던 것과 달리 학교는 담임교사를 정할 수도, 학급의 친구들을 고를 수도 없다. 초등학교에 입학하는 순간 부모의 도움 없이 아이가 오롯이 마주해야 하는 진짜 세상이 펼쳐지는 셈이다. 그래서 예민한 아이를 둔 부모들은 과연 우리 아이가 학교에 잘 적응할 수 있을지 걱정한다. 이대로 학교에 가도 괜찮을까, 내가 뭘 하면 도움이 될까, 막연한 두려움이 앞선다.

얼마 전 지인의 아이가 초등학교 2학년이 되었다. 그 아이도 매우 예민했던 터라 엄마는 아이를 학교에 보내며 고민이 많았다. 그런데 막상 학교에 가고 보니 아이는 엄마의 생각보다 잘 성장하고 있었고, 잘 적응했다고 한다. 아무래도 엄마로서 아이의 부족한 모습만 생각했던 것 같다는 지인의 말이 인상 깊었다.

학교는 예민한 아이가 혼자 헤쳐나가야 하는, 처음 만나는 세상이다. 하지만 이 말이 부모가 할 수 있는 일이 아무것도 없다는 의미는 아니다. 부모는 아이를 믿고, 지지해주고, 응원해주며, 무엇보다 아이가 학교에서 잘 생활할 수 있도록 힘을 실어주는 버팀목이다. 그러기 위해서는 아이를 지도하는 교사와 학교를 긍정적으로 바라보고 신뢰하는 것도 무척 중요하다. 부모는 바쁘겠지만 학부모 총회나 학부모 상담에 되도록 참여하자. 학교에서 만나는 아이는 집에서 보는 아이와 다를 수도 있다. 이런 행사에 참여하면 내 아이가 학교에서 어떻게 지내는지, 친구들과의 관계는 어떠한지도 볼 수 있으며 아이에게도 부모가 학교에 온 것이 긍정적인 경험이 된다. 또 교사에게 미리 아이의 기질과 특성을 귀띔해주는 것도 교사로서는 아이를 파악하는 데 도움이 된다. 요즘은 학부모와 소통하고, 부모와 아이가 함께 참여하는 프로그램도 많다. 부모 중 한 명이 시간을 내어 학부모 참관 수업, 가족 캠프 등에도 적극적으로 참여해보자. 이런 시간이 아이가 학교에서 안정적으로 적응하는 데 큰 힘이 될 것이다.

부모를 위한 핵심 요약 노트!

1) 학교를 선택할 수 있다면?

입학 전 초등학교를 선택할 수 있다면 큰 학교보다는 소규모 학교, 예술 문화 교육에 중점을 둔 학교, 종교 학교나 특정 교육 철학을 강조하는 대안 학교, 집에서 가까워 도보로 갈 수 있는 학교 등이 좋은 선택지가 될 것입니다.

2) 자녀에게 동아리 활동을 추천하기

학교는 공부만 하는 곳이 아니며, 아이들은 생각보다 선후배와의 관계, 친구 관계에 많은 영향을 받습니다. 아이들이 학교에서 가장 쉽고 빠르게 교우 관계를 맺는 방법이 바로 동아리 활동이에요. 특히 동아리 구성원들은 관심사와 좋아하는 것이 비슷하므로 쉽게 친해질 수 있고, 서로를 잘 이해할 수 있다는 장점이 있습니다.

3) 아이에게 자유로운 시간을 주기

예민한 아이에게는 자신만의 공간에서 쉴 수 있는 자유로운 시간이 필요하며 운동이나 체육 활동을 통해 예민함에서 오는 스트레스를 적절히 발산할 수 있도록 해주어야 합니다.

4) 학교 행사에 부모가 적극적으로 참여하기

학교에서는 학부모 총회, 학부모 참관 수업, 학부모회의, 학부모 상담, 가족 캠프 등 학부모가 참여할 수 있는 다양한 행사가 많습니다. 선생님과 자주 소통하고 마주칠수록 우리 아이에 대한 정보를 많이 교류할 수 있고, 정서적으로도 친밀감이 형성되니까 되도록 참여하는 게 좋습니다.

대기만성[15]형으로 자랄 예민한 아이

　엄지언 작가는 그의 저서 《예민한 아이 육아법》에서 예민한 사람들은 섬세한 기질로 세상에 생존하고 재능을 발휘한다고 말한다. 아이는 생존하기 위해 이러한 기질 유전자를 가지고 태어나는데 예민한 기질은 키우기 너무 힘들어서 앞으로도 계속 소수일 것이라고 보았다. 하지만 소수이기에 앞으로도 계속 특별할 것이며 대기만성형으로 자라 재능을 발휘할 것이라고 하였다. 또한 예민한 아이들

---

[15] [大器晩成] 큰 사람이 되기 위해서는 많은 노력과 시간이 필요함을 나타내는 말

은 외부 자극뿐 아니라 내부 자극에도 민감하여서 새롭게 보고 다르게 생각하는 예민한 아이가 세상을 변화시킬 것이라 하였다. 그러므로 처음에만 잘 도와준다면 아이는 어떤 상황에도 살아남을 것이며, 부모를 지치게 했던 예민한 아이의 행동이 곧 눈부신 장점이 될 것이라고 한다. 물론 예민한 아이의 이런 특성이 저절로 길러지는 것은 아니다. 이렇게 되기까지 부모가 옆에서 많이 도와주어야 하며, 부모가 초반에 아이의 예민함을 잘 수용해주어야 아이의 예민함이 장점으로 발현될 수 있다.

예민한 아이의 잠재력, 특별함은 무궁무진하다. 문제는 예민한 아이의 잠재력이 발현될 수 있도록 하는 데에 부모의 역할이 매우 중요한데 부모는 그러한 역할을 할 에너지가 없다는 현실이다. 예민한 아이를 키우는 것은 정말로, 진심으로, 너무나 힘들기 때문이다. 사실 부모는 밥을 먹고, 잠을 자는 일상을 살아가는 것만으로도 벅차다. 그런데도 우리가 계속 나아가야 하는 이유는 예민한 아이에 대해 이해하고 어떻게 아이를 대해야 할지 알아야 그 힘든 과정을 조금이라도 줄일 수 있기 때문이며, 결국에는 예민한 아이의 특별한 잠재력까지 키울 수 있기 때문이리라. 예민한 아이는 대기만성형이라는 사실이 부디 지금 힘든 시기를 겪고 있는 부모들에게 위안이 되었으면 좋겠다. 힘들더라도 우리 아이를 믿고, 기다리고, 사랑하자. 그럼 당신에게도 예민한 아이가 세상에 우뚝 서게 되는 그날이 반드시 올 것이다.

부모를 위한 핵심 요약 노트!

1) 예민한 아이의 잠재력을 믿는 것은 부모를 위한 것이기도

예민한 아이를 키우는 것은 정말로, 진심으로, 너무나 힘듭니다. 사실 부모는 밥을 먹고, 잠을 자는 일상을 살아가는 것만으로도 벅차죠. 그런데도 우리가 계속 나아가야 하는 이유는 예민한 아이에 대해 이해하고 어떻게 아이를 대해야 할지 알아야 그 힘든 과정을 조금이라도 줄일 수 있기 때문입니다.

2) 예민한 아이를 믿고 기다려주세요!

예민한 아이는 대기만성형입니다. '대기만성'이란 큰 그릇을 만드려면 오랜 시간이 걸린다는 뜻이죠. 지금 당장은 육아가 힘들지라도, 예민함에 대한 결과가 힘들 것일 뿐, 예민함 자체가 나쁜 것은 아님을 기억하시고, 아이가 잘 자랄 거라고 믿고 기다려주세요.

에필로그

언젠가 세상 밖에서
우뚝 서게 될 반짝이는 아이들

예민한 아이를 키우며 가장 힘들었던 것은 육아로 지치고 힘들 때 이런 아이를 경험해보지 못한 사람으로부터 다음과 같은 말을 듣는 것이었다.

"아이 키우는 것이 다 그렇지."
"첫째 아이라서 엄마가 뭘 몰라서 그러는 것 아니야?"
"엄마가 엄살이 너무 심한 것 아니야? 뭘 그렇게 유난스럽게 힘들어해."

그럴 때마다 속된 말로 정말 미치고 환장할 노릇이었다. 처음에는 이런 말들이 다 사실인 줄 알았다. 남들도 나처럼 힘들고, 내가 아이를 처음 키워서 힘들고, 우리 부부의 육아법에 문제가 있어서 힘든 줄 알았다. 그런데 아니었다. 소은이는 남들처럼, 그냥 보통의 아이처럼 키우는 것이 되지 않는 아이였다. 그러나 시간이 흐르며, 그토록 힘들었던 지난날의 이야기도 어느새 우리에겐 빛바랜 추억이 되었다. 물론 아직도 아이에게 예민한 부분이 남아 있긴 하지만 이제 아이는 보통의 아이처럼 감각을 받아들이고 처리한다. 우리를 힘들게 했던 모든 감각 방어는 일상에서 사라진 지 오래다. 아이에게 남들보다 예민한 촉수가 있어서 힘들었던 지난날, 그 지리멸렬하던 순간들, 다시 떠올리고 싶지 않은 기억을 굳이 떠올리며 글로 적은 건 어디선가 고통받고 있을 엄마와 아이에게 조금이나마 도움이 되고 싶어서이다. 나와 같은 시행착오를 겪지 않길 바라는 마음으로, 문제가 뭔지도 모르고 눈물 흘렸던 지난날의 내가 가여워서 어쩌면 더 열심히 글을 썼는지 모르겠다.

이제는 여느 아이들처럼 평범하게 세상과 교류하는 소은이에게 고맙고 감사하다. 지금 소은이는 어딜 가든 사랑받는 아이가 되었고 어른들은 소은을 보고 똑똑하고 야무지다고 말하곤 한다. 유치원에서 친구들에게 인기도 많고, 선생님들에게 귀염을 받는 아이가 되었다. 어린이집을 졸업하고 유치원에 갔을 때 담임선생님과의 첫 면담에서 놀랐던 기억이 난다. 소은을 '감정의 기복이 심하지 않고, 늘 자기 할 일을 잘 해내는 아이'라고 평가해주셨기 때문이다. 예민하고 민감했던 아이가 어느새 자신의 감정을 통제하며 경계를 지킬 줄 아는 아이가 된 것이다.

더 놀라운 것은 소은의 놀라운 적응력이었다. 개인적인 사정으로 유치원을 옮기게 되었을 때, 첫날 10분도 지나지 않아 담임선생님으로부터 소은의 사진이 전송되었다. 사진 속 소은이는 아주 밝은 표정으로 처음 보는 친구들과 어깨동무를 하고 있었다. 내 눈으로 보고도 믿을 수가 없었다. 이렇게 편안하고 행복해 보이는 표정이라니! 몇 시간 뒤에는 친구들과 웃으며 밥을 먹는 사진, 체육관에서 춤을 추고 있는 사진, 강당 매트에서 친구들과 뒹굴고 있는 사진, 부채춤을 추는 사진 등이 도착했다. 친구들이 소은을 너무 좋아해서, 서로 소은이 손을 잡겠다며 귀여운 다툼을 하기도 했다는 담임선생님의 말씀에 어안이 벙벙했다.

마음 깊은 곳에서 감동이 밀려왔다. 예민한 아이라 낯선 환경에 잘 적응할 수 있을까 걱정했던 것은 부모의 기우였다. 반나절도 되지 않아 새로운 유치원에 완벽하게 적응한 소은을 보며 이제는 아이를 너무 걱정하지 않아도 되겠다는 생각에 가슴이 벅찼다. 마치 그동안 아이를 잘 키웠다고, 누군가에게 확인 도장을 받은 기분이었다. 예민한 아이라고 해서 환경을 바꾸는 일에 무조건 걱정하고 불안해할 필요는 없다는 사실을 다시 한번 느끼게 된 사건이었다. 아이를 믿어주고 아이가 편안해할 환경을 찾아 제공하면, 예민한 아이는 그 속에서 자신의 빛깔을 더 선명하게 드러내며 꽃을 피울 것이다.

예민한 아이를 키우며 몸도 마음도 참 오랜 시간 힘들었다. 그리고 여기가 끝이 아니라는 것도 안다. 앞으로 아이가 어른으로 자랄 때까지 또 얼마나 무수히 많은 일이 생겨날까. 하지만 예민한 기질의 아이를 키우며 가장 힘든 구간을 지난 것만은 확실하다. 지금 힘든 시기를 겪고 있는 아이와 엄마에게도 하루빨리 그런 날이 오기를 소망한다. 물론 그 시기는 아이마다 조금씩 다르겠지만 부디 이 책을 통해서 그 시기가 하루라도 당겨지기를 진심으로 바란다.

이제 얼마 후면 아이는 드디어 초등학교에 입학한다. 부모의 품에서 나와 세상 밖으로 뚜벅뚜벅 걸어갈 아이를 응원하며, 이 책을 나의 사랑하는 딸 소은이에게 바친다.

2024. 8. 여름의 끝자락에서
강진경

참고 문헌

1 김하연, 《매운맛 육아》, 북스톤, 2022

2 김희연, 《명랑 육아 필살 생존기》, 한국경제신문i, 2021

3 나가오카 마이코, 《예민한 아이를 키우는 엄마의 불안이 사라지는 책》, 시프, 2022

4 나타샤 대니얼스, 《예민한 아이 육아법은 따로 있다》, 카시오페아, 2017

5 나타샤 대니얼스, 《부모의 육아 습관이 예민한 아이를 키운다》, 카시오페아, 2017

6 다카다 아키카즈, 《예민한 게 아니라 섬세한 겁니다》, 매일경제신문사, 2018

7 롤프 젤린, 《예민한 아이의 특별한 잠재력》, 길벗, 2016

8 롤프 젤린, 《예민함이라는 무기》, 나무생각, 2018

9 송희재, 《나는 예민한 엄마입니다》, 북드림, 2021

10 앤드루 풀러 《별난 아이가 특별한 어른이 된다》, 사람in, 2011

11 엄지언, 《예민한 아이 육아법》, 굿위즈덤, 2020

12 오카다 다카시, 《예민함 내려놓기》, 어크로스, 2018

13 윌리엄 시어스, 마사 시어스, 《까다로운 내 아이 육아백과》, 푸른육아, 2009

14 일레인 N. 아론, 《예민한 부모를 위한 심리 수업》, 청림Life, 2022

15 일레인 N. 아론, 《까다롭고 예민한 내 아이, 어떻게 키울까?》, 이마고, 2011

16 일레인 N. 아론, 《예민한 아이를 위한 부모 수업》, 웅진지식하우스, 2022

17 전홍진, 《매우 예민한 사람들을 위한 책》, 글항아리, 2020

18 조윤경, 《왜 아이가 문제라고 생각했을까》, 비타북스, 2021

19 젠 그랜만, 안드레 솔로 《예민함의 힘》, 21세기북스, 2023

20 최치현, 《예민한 아이 잘 키우는 법》, 유노라이프, 2021

21 토머스 보이스, 《당신의 아이는 잘못이 없다》, 시공사, 2020